Cicero

Von den Pflichten

Insel Clip

16

Cicero, der große römische Redner, Staatsmann und Philosoph, ist für die meisten modernen Menschen das typische Beispiel eines Klassikers, formvollendet in der Sprache, erhaben in seinen Gedanken, aber zugleich fern von der Realität unseres Lebens und ohne Beziehung zu den Problemen, die uns hier und heute auf den Nägeln brennen, den Entscheidungsnöten, die uns zwingen, Flagge zu zeigen und Farbe zu bekennen.

Der Eindruck ist verbreitet, aber er ist falsch, so falsch, daß er in denkbar scharfem Gegensatz zu dem steht, was Cicero sein wollte und was er auch wirklich war: ein Mensch, der in den chaotischen Wirren einer Endzeit, der Endphase der römischen Republik, nach gültigen, zuverlässigen Maßstäben für das rechte Handeln suchte. Er fand sie in den Lehren der Philosophie, genauer gesagt der Moralphilosophie, die den Anspruch erhob, dem Menschen den Weg zum richtigen, seiner wahren Natur gemäßen, sinnerfüllten und damit im tiefsten Sinne glücklichen Leben zu weisen. Zwar wichen die Lehren der großen Philosophenschulen, die sich im klassischen und nachklassischen Griechenland herausgebildet hatten und von den Römern übernommen worden waren, in manchen Einzelheiten voneinander ab; in den Kernpunkten stimmten sie aber überein.

Diese Kernpunkte betrafen die grundlegenden Werte, an denen sich alles menschliche Handeln zu orientieren hatte und die als die vier Kardinaltugenden in die europäische Geistesgeschichte eingegangen sind: Klugheit, Gerechtigkeit, Tapferkeit, Maß. Auf diesen Grundpfeilern ruht nach Ciceros Überzeugung das ganze System der ethischen Normen, die Ziel und Richtung des menschlichen Lebens bestimmen sollen. In ihrer Darstellung folgte Cicero großenteils einem griechischen Vorbild, der – für uns verlorenen – Schrift des Stoikers Panaitios »Über die Pflicht«. Den Lehren des griechischen Philosophen gab Cicero die Form eines Brieftraktats in drei Büchern, die Kernfragen menschlicher Orientierung und Entscheidung behandelten: die Frage nach den Forderungen der Sittlichkeit im ersten, nach der Bestimmung des wahren Nutzens im zweiten und nach dem Verhältnis von Moral und Nützlichkeit im dritten Buch. Cicero widmete die Schrift seinem Sohn, den er zu philosophischen Studien nach Griechenland geschickt hatte. Aber sie dokumentierte weit mehr als die Sorge eines Vaters um die Entwicklung seines Kindes. Sie erschloß den Römern und durch sie den späteren Völkern Europas die Welt des griechischen Geistes, und sie bietet bis heute Wegweisung und Orientierungshilfe für Menschen, die nach dem Weg zum rechten Handeln suchen.

Cicero
Von den Pflichten

Übertragen und herausgegeben
von Harald Merklin

Insel Verlag

Meiner Tochter Elisabeth

Insel-Clip 16
Erste Auflage 1995

Vertrieb durch den Suhrkamp Taschenbuch Verlag
Umschlag von Hermann Michels, unter Verwendung
eines Fotos von Karol Kállay/Bilderberg
Satz: Hümmer GmbH, Waldbüttelbrunn
Druck: Ebner Ulm
Printed in Germany

1 2 3 4 5 6 – 00 99 98 97 96 95

Von den Pflichten

Erstes Buch

I (1) Zwar hörst du, mein Sohn Marcus, schon ein Jahr lang den Kratippos und das in Athen; da mußt du dank dem außerordentlichen Rang sowohl des Lehrers als auch der Stadt mit philosophischen Anweisungen und Lehren wohl versehen sein; denn ersterer kann dich durch Wissen, letztere durch praktische Beispiele fördern. Doch wie ich selbst zu meinem Vorteil immer Lateinisches mit Griechischem verbunden und nicht nur in der Philosophie, sondern auch in meiner Praxis als Redner danach gehandelt habe, so meine ich, du solltest ebenso verfahren, damit du in beiden Sprachen zur gleichen Ausdrucksfähigkeit gelangst. Gerade dazu habe ich ja unseren Landsleuten, wie mir scheint, maßgeblich verholfen, daß nicht nur diejenigen, die über keine griechische Bildung verfügen, sondern auch die Gebildeten der Überzeugung sein dürfen, sie hätten in ihrer Ausdrucks- und Urteilsfähigkeit etwas erreicht. (2) Deswegen sollst du zwar bei dem führenden Philosophen dieser Zeit studieren und sollst so lange studieren, wie du willst; du solltest aber nur so lange den Wunsch dazu haben, wie dich die Fortschritte, die du machst, befriedigen. Was aber die Lektüre meiner Schriften angeht, die nicht sehr von der Lehre der Peripatetiker abweichen, da wir beide Sokratiker und auch Platoniker sein wollen, so bilde dir über die Sache selbst dein Urteil – denn daran hindere ich dich nicht –, was aber den lateinischen Ausdruck betrifft, so wirst du ihn durch die Lektüre meiner Schriften gewiß vervollkommnen. Ich möchte mit diesem Anspruch freilich nicht anmaßend wirken. Denn Kenntnis der Philosophie gestehe ich vielen zu; doch wenn ich die spezielle Fähigkeit des Redners, angemessen, wohlgegliedert und wirkungsvoll zu reden, für mich in Anspruch nehme, so glaube ich gewissermaßen ein besonderes Recht dazu zu haben, weil ich mein Leben dem eifrigen Bemühen darum gewidmet habe. (3) Deshalb ermahne ich dich dringend, mein Cicero, nicht nur meine Reden, sondern auch diese philosophischen Schriften, die deren Zahl schon fast erreicht haben, eifrig zu lesen. Denn in den ersteren liegt zwar mehr Ausdruckskraft, doch auch der ruhige, gemessene Stil der letzteren ist es wert, gepflegt zu werden. Das jedenfalls ist bisher offensichtlich keinem Griechen gelungen, sich zugleich auf beiden Gebieten zu betätigen und einerseits dem Stil der öffentlichen Rede, andererseits dem der ruhigen Erörterung gerecht zu werden; es müßte denn sein, daß Demetrios von Phaleron zu dieser Gruppe gerechnet werden kann; denn er ist feinsinnig in der Erörterung, als Redner freilich nicht schwungvoll genug, doch so anziehend, daß man den Schüler Theophrasts in ihm erkennen kann. Was aber mich betrifft, so mögen andere darüber urteilen, wie weit ich auf beiden Gebieten gekommen bin; um beide habe ich mich jedenfalls bemüht. (4) Nach meiner Meinung hätte Platon, wenn er sich auf dem Felde der öffentlichen Rede hätte versuchen wollen, die Fähigkeit gehabt, sich wirkungsvoll und wortreich auszudrücken, und es wäre Demosthenes, wenn er den Wunsch gehabt hätte, die Lehren Platons umfassend darzustellen, möglich gewesen, das glänzend und eindrucksvoll zu tun. Im selben Sinne urteile ich auch über Aristoteles und über Isokrates, von denen jeder mit der eigenen Beschäftigung zufrieden war und die andere verachtete.

II Als ich jedoch beschloß, dir jetzt eine Schrift zu widmen und noch viele danach, da wollte ich am liebsten von einem Thema ausgehen, das am besten zu deinem Alter und zu meinem Ansehen paßt. Zwar gibt es ja in der Philosophie viel Wichtiges und Nützliches, das von den Philosophen gründlich und ausführlich erörtert worden ist, am weitesten erstreckt sich aber wohl die Bedeutung dessen, was von ihnen über das rechte Handeln gelehrt und überliefert wurde. Denn keine Seite des Lebens, nicht im politischen noch im privaten, weder im öffentlichen noch im häuslichen Bereich, weder wenn man mit sich zu tun hat noch wenn man mit dem anderen verkehrt, bleibt von der Frage des pflichtgemäßen Handelns unberührt, und jede sittliche Vollkommenheit des Lebens beruht auf seiner Pflege und jede Schändlichkeit auf seiner Vernachlässigung. (5) Mit dieser Frage haben es indessen alle Philosophen zu tun. Wer könnte es denn wagen, sich als Philosophen zu bezeichnen, ohne Grundsätze des pflichtgemäßen Handelns aufzustellen? Doch es gibt einige Philosophenschulen, die durch ihre Bestimmung des höchsten Gutes und des größten Übels jedem pflichtgemäßen Handeln die Grundlage entziehen.[1] Denn wer das höchste Gut so ansetzt, daß es nichts mit der Tugend gemeinsam hat, und es nach seinem eigenen Vorteil, nicht nach der sittlichen Vollkommenheit bemißt, der könnte, wenn er konsequent sein wollte und nicht zuweilen seine gute Naturanlage die Oberhand behielte, weder Freundschaft noch Gerechtigkeit noch Großzügigkeit pflegen. Zur Tapferkeit oder zur Selbstbeherrschung ist aber sicher keinesfalls imstande, wer den Schmerz als höchstes Übel oder die Lust als höchstes Gut betrachtet. (6) Das liegt zwar so klar auf der Hand, daß es keiner Erörterung bedarf, doch ist es trotzdem an anderer Stelle von mir erörtert worden.[2] Wenn diese Schulen also sich selbst treu bleiben wollten, könnten sie nicht vom pflichtgemäßen Handeln reden, und irgendwelche zuverlässigen, beständigen, naturgemäßen Grundsätze des pflichtgemäßen Handelns können überhaupt nur die aufstellen, die von der sittlichen Vollkommenheit erklären, daß sie alleine oder in höchstem Maße um ihrer selbst willen zu erstreben sei. Deshalb ist diese Lehre für die Stoiker, die Akademiker und die Peripatetiker charakteristisch, da die Auffassung Aristons, Pyrrhons und Herillos' schon lange aufgegeben ist.[3] Sie hätten trotzdem ein besonderes Recht, die Frage des rechten Handelns zu erörtern, wenn sie eine Möglichkeit übriggelassen hätten, zwischen den Dingen zu wählen, so daß es einen Zugang zur Entdekkung des rechten Handelns gäbe. Ich folge also in diesem Falle und in dieser Frage vor allem den Stoikern; dabei will ich nicht ihr Dolmetscher sein, ich werde vielmehr wie gewöhnlich aus ihren Quellen nach meinem Urteil und Gutdünken soviel und in solcher Weise schöpfen, wie es mir richtig scheint.

(7) Da also in dieser ganzen Abhandlung vom pflichtgemäßen Handeln die Rede sein wird, sollte man zuvor erklären, was pflichtgemäßes Handeln ist; das hat Panaitios seltsamerweise unterlassen. Denn jede methodisch angelegte Behandlung irgendeines Gegenstandes muß von einer Begriffsbestimmung ausgehen, damit das Wesen dessen, wovon die Rede ist, verstanden wird.

III Die ganze Untersuchung des pflichtgemäßen Handelns ist zweigeteilt: Der eine Teil betrifft die grundsätzliche Frage nach dem höchsten Gut, der andere bezieht sich auf die Regeln, nach denen man sich im praktischen Leben in jeder Hinsicht richten kann. Zum ersten Teil gehören beispielsweise solche Fragen: ob alle pflichtgemäßen Handlungen sittlich vollkommen sind, ob eine Pflicht wichtiger als die andere ist, und andere Probleme derselben Art. Die pflichtgemäßen Handlungen aber, für die man Regeln aufstellt, beziehen sich zwar auf das höchste Gut, doch das kommt weniger zum Vorschein, weil sie sich mehr auf die normale Lebensführung zu beziehen scheinen. Um ihre Erklärung geht es in diesen Büchern.

(8) Es gibt noch eine andere Einteilung des pflichtgemäßen Handelns; denn man spricht von durchschnittlicher und von vollkommener Pflichterfüllung. Vollkommene Pflichterfüllung wollen wir, so meine ich, als rechtes Handeln bezeichnen, weil sie die Griechen ›katórthoma‹ (das recht Vollbrachte), die gewöhnliche Pflichterfüllung aber ›kathékon‹ (das Geziemende) nennen. Diese Begriffe bestimmen sie so, daß sie das Handeln, das das rechte ist, als vollkommene Pflichterfüllung definieren; als durchschnittliche Pflichterfüllung aber bezeichnen sie eine

Handlungsweise, für die eine vernünftige Begründung gegeben werden kann.[4] (9) Es gibt also nach Meinung des Panaitios drei Überlegungen, um einen Entschluß zu fassen. Denn entweder fragt man sich, ob das, was Gegenstand der Überlegung ist, sittlich gut oder verwerflich ist; bei dieser Überlegung fühlt man sich oft zu gegensätzlichen Standpunkten hingezogen. Sodann erforscht oder beratschlagt man, ob das, was man erwägt, zu den Vorteilen und Annehmlichkeiten des Lebens, zu den vorhandenen Mitteln und Möglichkeiten, zu Macht und Einfluß, mit denen man sich und den Seinen helfen könnte, etwas beiträgt oder nicht. Bei dieser Überlegung geht es ganz um die Frage der Nützlichkeit. Die dritte Art von Fragen stellt sich dann, wenn das, was nützlich scheint, im Widerspruch zum sittlich Guten zu stehen scheint. Wenn einen nämlich die Nützlichkeit auf ihre Seite, die Sittlichkeit aber auf die entgegengesetzte zu ziehen scheint, fühlt man sich bei der Überlegung innerlich gespalten und macht sich widersprüchliche Sorgen und Gedanken. (10) Bei dieser Einteilung sind zwei Möglichkeiten ausgelassen worden; dabei ist es bei systematischer Einteilung der schwerste Fehler, etwas auszulassen. Gewöhnlich überlegt man nämlich nicht nur, ob etwas sittlich gut oder verwerflich ist, sondern bei einer Wahl zwischen zwei sittlich guten Möglichkeiten auch, welche von beiden sittlich besser ist, und ebenso bei einer Wahl zwischen zwei nützlichen Möglichkeiten, welche von beiden nützlicher ist. So zeigt sich, daß eine systematische Einteilung, die Panaitios für dreifach hielt, in fünf Teile vorgenommen werden muß. Zuerst muß also vom sittlich Guten, aber auf zweifache Weise, sodann im gleichen Sinne vom Nützlichen, danach von ihrer Gegenüberstellung die Rede sein.

IV (11) Von Anfang an ist allen Lebewesen von Natur das Streben eingegeben, sich, ihr Leben und ihre körperliche Unversehrtheit zu erhalten, das, was schädlich scheint, abzuwehren und alles, was zum Leben notwendig ist, zu suchen und sich zu verschaffen, wie Futter, Schlupfwinkel und anderes derselben Art.[5] Gemeinsam ist desgleichen allen Lebewesen der Trieb, sich zur Fortpflanzung zu vereinigen und für den Nachwuchs zu sorgen. Doch zwischen Mensch und Tier besteht ein wesentlicher Unterschied: Das Tier, das lediglich von Sinneswahrnehmungen beeinflußt wird, paßt sich nur an Vorhandenes und Gegenwärtiges an, hat aber nur ein ganz geringes Gespür für das Vergangene und Künftige. Der Mensch jedoch besitzt die Gabe der Vernunft; durch sie erkennt er Konsequenzen, nimmt die Ursachen der Dinge wahr und weiß um ihre weitere Entwicklung und um ihre Voraussetzungen, stellt Ähnlichkeiten zusammen und verbindet und verknüpft das Künftige mit Gegenwärtigem; so überblickt er leicht den Lauf des ganzen Lebens und stellt das, was zu seiner Führung nötig ist, bereit. (12) Dieselbe Naturanlage verbindet durch die Wirkung der Vernunft die Menschen miteinander zu einer Gemeinschaft der Sprache und des Lebens; vor allem gibt sie dem Menschen eine ganz besondere Liebe zu seinen Kindern ein und weckt in ihm den Wunsch nach dem Vorhandensein und dem Besuch menschlicher Vereinigungen und Versammlungen. Aus diesen Gründen läßt sie ihn auch danach trachten, die Voraussetzungen für eine gesittete Lebensweise zu schaffen, und zwar nicht nur für sich allein, sondern auch für seine Frau, für seine Kinder und die anderen, die ihm lieb sind und für die er sorgen muß. Diese Fürsorge weckt auch seinen Mut und steigert seine Tatkraft. (13) Ein besonderes Wesensmerkmal des Menschen ist auch sein Streben, die Wahrheit zu erkunden und zu erforschen. Deshalb erfüllt uns immer, wenn wir frei von dringenden Geschäften und Sorgen sind, das Verlangen, etwas zu sehen, zu hören und dazuzulernen, und dann halten wir auch die Erkenntnis verborgener oder staunenswerter Dinge für eine unerläßliche Voraussetzung glücklichen Lebens. Daraus ergibt sich die Erkenntnis, daß das, was wahr, einfach und unverfälscht ist, am besten zur Natur des Menschen paßt. Mit diesem Verlangen nach Erkenntnis und Wahrheit verbindet sich auch ein gewisses Streben nach Vorrang, das dazu führt, daß ein Mensch mit guten geistigen Naturanlagen nur dem gehorchen will, der ihn lehrt, unterweist oder um seines Nutzens willen nach Recht und Gesetz beherrscht. Daraus ergibt sich Seelengröße und Geringschätzung des menschlichen Geschicks. (14) Auch darin aber zeigt sich eine nicht geringe Wirkung der vernunftbestimmten Natur des Menschen, daß er als einziges Lebewesen einen Sinn für Ordnung hat, für Schicklichkeit und Maß in Taten und in Worten. Deshalb empfindet kein anderes Lebewesen gerade bei dem, was durch den Gesichtssinn wahrgenommen wird, Schönheit, Anmut und Harmonie der Teile. Eine entsprechende Vorstellung überträgt die naturgegebene Vernunft des Menschen von den Augen auf die Seele; so glaubt er, daß es bei seinen Entscheidungen und Taten noch viel mehr auf die Bewahrung von Schönheit, Beständigkeit und Ordnung ankommt, und er hütet sich davor, unrühmlich oder unmännlich zu handeln, schließlich in allen seinen Vorstellungen und Taten hemmungslos zu handeln und zu denken. Daraus entsteht das, was wir suchen, das sittlich Gute; es wäre ehrenwert, auch wenn es nicht verherrlicht würde, und wir sagen zu Recht von ihm, daß es in seinem Wesen rühmlich sei, auch wenn es niemand rühme.

V (15) Gerade darin, mein Sohn Marcus, siehst du die Gestalt und gleichsam die Erscheinung des sittlich Guten, die eine wunderbare Liebe zur Wahrheit wecken würde, wie Platon sagt[6], wenn sie für unsere Augen sichtbar wäre. Doch alles, was sittlich gut ist, entsteht aus einem von vier Teilbereichen. Entweder besteht es nämlich in der systematischen Erkenntnis der Wahrheit oder im Schutz der menschlichen Gesellschaft, und zwar dadurch, daß einem jeden das Seine zuteil wird und Verträge zuverlässig eingehalten werden, oder in der Erhabenheit und Stärke hohen, unbesieglichen Mutes oder in der Einhaltung von Ordnung und Maß bei allen Taten und Worten, zu der die Mäßigung und Selbstbeherrschung gehört. Diese vier Teile sind zwar miteinander verbunden und verknüpft, aber aus jedem einzelnen von ihnen ergeben sich jeweils bestimmte Formen pflichtgemäßen Handelns. So findet sich in dem zuerst genannten Teil, auf den wir die Weisheit und Klugheit gründen, die Erforschung und Entdeckung der Wahrheit, in der die besondere Leistung dieser Tugend besteht. (16) Denn wer jeweils bei einer Sache den wahren Kern am deutlichsten erkennt und die Zusammenhänge am schärfsten und am schnellsten durchschauen und erklären kann, der gilt mit Recht gewöhnlich als der Klügste und der Weiseste. Ihm dient deshalb die Wahrheit gleichsam als Stoff, den er behandeln und mit dem er sich beschäftigen kann. (17) Den übrigen drei Tugenden wird aber durch entsprechende Bedürfnisse die Aufgabe gestellt, die Voraussetzungen zu schaffen und zu schützen, auf denen das tätige Leben beruht, damit die Gemeinschaft und die Verbindung der Menschen erhalten bleibt und hoher Mut und Seelengröße in Erscheinung treten kann, wenn es darum geht, Macht und Einfluß zu vermehren oder seine Interessen und die der Seinen durchzusetzen, doch noch viel mehr, wenn es gilt, eben diese Dinge gering zu achten. Dagegen beziehen sich Ordnung, Beständigkeit und Mäßigung sowie die Tugenden, die diesen ähnlich sind, auf ein Gebiet, bei dem es auf tätiges Handeln und nicht auf die Betätigung des Geistes ankommt. Denn wenn wir bei den Dingen, die im Leben eine Rolle spielen, Maß und Ordnung walten lassen, bewahren wir Anstand und Sittlichkeit.

VI (18) Von den vier Bereichen, in die wir das Wesen des sittlich Guten eingeteilt haben, steht aber der erste, der es mit der Erkenntnis der Wahrheit zu tun hat, in der engsten Beziehung zur menschlichen Natur. Wir fühlen uns ja alle von dem Verlangen nach Erkenntnis und Wissen getrieben und halten es für schön, sich darin auszuzeichnen, während wir Fehltritte, Irrtümer, Unwissenheit und Täuschung schlimm und schändlich finden. In diesem Bereich der sittlichen Natur des Menschen gilt es zwei Fehler zu vermeiden. Zum einen müssen wir uns hüten, Unbekanntes für bekannt zu halten und ihm leichtfertig zuzustimmen. Wer diesen Fehler vermeiden will – das sollten aber alle wollen –, wird sich bei der Betrachtung der Dinge Zeit nehmen und Sorgfalt walten lassen. (19) Der zweite Fehler ist der, daß manche Leute allzuviel Eifer und Mühe auf dunkle, schwierige und dabei nicht notwendige Dinge verwenden. Wenn diese Fehler vermieden sind, wird man der Mühe und Sorge, die auf sittlich wertvolle und wissenswerte Dinge verwendet wird, berechtigtes Lob spenden. Das hören wir z. B. von Gaius Sulpicius in der Astronomie, bei Sextus Pompeius haben wir es selbst in der Geometrie erlebt, bei vielen in der Dialektik, bei einer noch größeren Anzahl im Bürgerlichen Recht, und alle diese Disziplinen haben es ja mit der Erforschung der Wahrheit zu tun. Sich aber durch den Eifer dafür von praktischer Betätigung abbringen zu lassen, widerspräche dem pflichtgemäßen Handeln. Denn der Ruhm der Tugend gründet sich ganz auf praktische Tätigkeit. Sie wird jedoch auch häufig unterbrochen, und es gibt viele Möglichkeiten, zu den Studien zurückzukehren. Dann kann uns die Betätigung des Geistes, die niemals zur Ruhe kommt, auch ohne unser Zutun, im Streben nach Erkenntnis verharren lassen. Jeder Gedanke und jede Regung des Geistes gilt dabei aber entweder Entscheidungen, die Fragen der Moral sowie des guten und glücklichen Lebens betreffen, oder dem Streben nach Wissen und Erkenntnis. Die erste Quelle pflichtgemäßen Handelns haben wir damit jedenfalls behandelt.

VII (20) Von den drei übrigen Bereichen erstreckt sich aber der am weitesten, der die gesellige Verbindung der Menschen miteinander und gleichsam ihre Lebensgemeinschaft umfaßt. Er hat zwei Teile: die Gerechtigkeit, bei der der Glanz der Tugend am hellsten strahlt, nach der man Männer trefflich nennt, und die mit ihr verbundene

Wohltätigkeit, die man auch ebenso als Güte oder Freigebigkeit bezeichnen könnte. Gerechtigkeit verpflichtet aber erstens dazu, daß man niemandem schadet, es sei denn, daß man durch ein Unrecht herausgefordert ist, und zweitens, daß man Gemeingut als Gemeingut, Privatbesitz jedoch als persönliches Eigentum behandelt. (21) Es ist jedoch nichts von Natur aus Privatbesitz, sondern entweder durch frühere Besetzung, etwa bei Leuten, die einst auf herrenloses Gut stießen, oder durch einen Sieg, bei solchen, die es im Krieg eroberten, oder durch ein Gesetz, einen Vertrag, eine Bedingung oder durch das Los. So kommt es, daß man das Land von Arpinum als Besitz der Arpinaten, das von Tusculum als den der Tusculaner bezeichnet. Ähnlich verhält es sich mit der Verteilung privater Besitztümer. Darum soll jeder, weil sein Eigentum jeweils aus dem stammt, was von Natur Gemeinbesitz gewesen war, dasjenige behalten, was ihm zugefallen ist. Wenn jemand etwas davon für sich verlangt, verletzt er das Recht der menschlichen Gemeinschaft. (22) Weil wir jedoch, wie Platon treffend schrieb[7], nicht nur für uns geboren sind und Vaterland und Freunde Anspruch auf einen Teil unseres Daseins haben und weil, wie die Stoiker meinen, alles, was auf Erden entsteht, zum Nutzen der Menschen geschaffen ist, die Menschen aber um der Menschen willen erzeugt sind, damit sie selbst einander gegenseitig nützen können, sind wir verpflichtet, das Gemeinwohl in den Mittelpunkt zu stellen, durch wechselseitige Leistungen, durch Geben und Empfangen, durch unsere Fertigkeiten, unsere Mühen und unsere Talente das einigende Band zu knüpfen, das Menschen miteinander verbindet. (23) Die Grundlage der Gerechtigkeit ist aber die Gewähr der Treue, das heißt die Zuverlässigkeit und die Aufrichtigkeit in Worten und Vereinbarungen. So wollen wir, obwohl das manchem vielleicht zu hart erscheinen wird, doch wagen, es mit den Stoikern zu halten, die eifrig untersuchen, woher die Worte sich herleiten, und ihnen glauben, daß es »Gewähr« heißt, weil »wahr wird«, was man sagte.[8] Es gibt aber zwei Arten des Unrechts, die eine bei denen, die es jemandem zufügen, die andere bei denen, die die Opfer auch dann, wenn sie es können, nicht davor bewahren. Denn wer, von Zorn oder von irgendeiner Erregung getrieben, jemanden ungerecht angreift, erhebt doch wohl gleichsam die Hand gegen einen Gefährten. Wer aber dem Unrecht auch dann, wenn er es kann, nicht wehrt und nicht entgegentritt, vergeht sich so, als ließe er die Eltern, die Freunde oder das Vaterland im Stich. (24) Die Ungerechtigkeiten freilich, die absichtlich begangen werden, um jemandem zu schaden, entspringen oft der Furcht, weil der, der dem anderen zu schaden trachtet, fürchtet, selbst irgendeinen Nachteil zu erleiden, wenn er das nicht tut. Zum größten Teil versuchen die Menschen aber, ein Unrecht zu begehen, um etwas zu erlangen, was sie begehren, ein Laster, bei dem die Habsucht eine besonders große Rolle spielt. VIII (25) Nach Reichtum aber strebt man einerseits, um das zu haben, was man unbedingt zum Leben braucht, doch andererseits besonders, um die Freuden des Lebens zu genießen. Bei Menschen von höherem geistigem Rang zielt aber das Verlangen nach Geld auf Macht und auf die Möglichkeit, sich anderen gefällig zu erweisen. So sagte Marcus Crassus neulich, wer in der Politik eine führende Rolle spielen wolle, habe nicht genügend Geld, wenn er mit seinen Zinsen nicht ein Heer unterhalten könne. Freude bereiten auch großartige Aufwendungen und ein gepflegter Lebensstil mit Eleganz und Wohlstand, was dazu führte, daß das Verlangen nach Reichtum unersättlich wurde. Eine Vermehrung des Vermögens, die niemandem schadet, ist aber nicht zu tadeln, doch Unrecht muß man immer meiden. (26) Die meisten aber lassen sich besonders dazu verleiten, nicht mehr an die Gerechtigkeit zu denken, wenn sie von der Begierde nach Ämtern, Ehren oder Ruhm ergriffen werden. So heißt es ja bei Ennius: »Kein heiliges Band der Gemeinschaft, keine Treue kennt das Königtum.«[9] Doch dieser

Satz gilt weiter. Denn auf jedwedem Feld, das so beschaffen ist, daß sich auf ihm nicht mehrere auszeichnen können, ergibt sich meistens ein solcher Wettstreit, daß es äußerst schwierig ist, das heilige Band der Gemeinschaft zu bewahren. Das zeigte gerade eben Caesars Hemmungslosigkeit, der wegen des Vorrangs, den er sich in seiner Verirrung selbst eingebildet hatte, alle göttlichen und menschlichen Rechtsnormen umstürzte. Das ist jedoch auf diesem Gebiet verhängnisvoll, weil bei den größten Geistern und glänzendsten Begabungen meistens Begierden nach Ehre, Herrschaft, Macht und Ruhm auftreten. Um so mehr sollte man sich davor hüten, daß man sich auf diesem Gebiet etwas zuschulden kommen läßt. (27) Doch bei der ganzen Ungerechtigkeit hängt sehr viel davon ab, ob man ein Unrecht wegen irgendeiner inneren Erregung, die meistens kurz und situationsgebunden ist, oder absichtlich und mit Bedacht begeht. Denn was aus irgendeiner plötzlichen Regung heraus geschieht, ist harmloser als das, was man nach Überlegung und Vorbereitung tut. Über das Unrechttun ist damit jedenfalls genug gesagt.

IX (28) Dafür jedoch, daß man es unterläßt, jemanden zu verteidigen, und daß man seine Pflicht versäumt, gibt es gewöhnlich mehrere Gründe. Entweder ist man nämlich nicht gewillt, Feindschaften, Mühe oder Kosten auf sich zu nehmen, oder man läßt sich durch Nachlässigkeit, Trägheit, Bequemlichkeit oder durch seine persönlichen Neigungen und Beschäftigungen so abhalten, daß man die, die man schützen müßte, alleine läßt. Vielleicht ist darum das Wort Platons, das sich auf die Philosophen bezieht, doch unbefriedigend, sie seien deshalb gerecht, weil sie sich mit der Erforschung der Wahrheit beschäftigten und die Dinge geringschätzten und für nichts erachteten, nach denen die meisten leidenschaftlich strebten und um die sie miteinander zu streiten pflegten.[10] Denn das eine Ziel, daß sie niemandem schaden, indem sie ihm Unrecht tun, erreichen sie, beim anderen aber scheitern sie. Durch ihren Lerneifer gefesselt lassen sie nämlich die im Stich, die sie doch schützen müßten. Deshalb glaubt man, daß solche Menschen höchstens gezwungenermaßen die politische Laufbahn einschlagen werden. Es wäre aber richtiger, wenn es aus freiem Willen geschähe. Denn eben dies, das rechte Handeln, ist nur unter der Bedingung gerecht, daß es freiwillig geschieht. (29) Es gibt auch Leute, die erklären, daß sie im Streben, ihr Vermögen zu bewahren, und aus einem gewissen Widerwillen gegen Menschen ihren Geschäften nachgehen, und die niemandem ein Unrecht zuzufügen scheinen. Sie halten sich zwar von der einen Art des Unrechts frei, verfallen aber in die andere; sie lassen nämlich die Lebensgemeinschaft im Stich, weil sie ihr nichts von ihrem Eifer, ihrer Arbeit und ihren Fähigkeiten zukommen lassen.

(30) Wir haben damit die zwei Arten des Unrechts dargestellt, die Gründe für beide Arten angefügt und vorher die Elemente bestimmt, aus denen die Gerechtigkeit besteht. So können wir nun leicht beurteilen, was in einer bestimmten Lage jeweils unsere Pflicht ist, wenn wir nicht völlig in uns selbst verliebt sind. Die Sorge um fremde Angelegenheiten hat nämlich ihre Schwierigkeiten. Jener Chremes bei Terenz erklärt zwar, daß ihm »nichts Menschliches fremd ist«[11], doch weil wir das stärker erleben und empfinden, was uns selbst an Glück oder Unglück zuteil wird, als das, was den anderen begegnet und was wir gleichsam aus großem Abstand sehen, urteilen wir darüber anders als über uns selbst. Deswegen ist die Regel sinnvoll, die verbietet, etwas zu tun, bei dem man zweifelt, ob es recht oder unrecht ist. Das Recht ist durch sich selbst einleuchtend, der Zweifel weist auf den Gedanken an ein Unrecht hin.

X (31) Es kommen aber oft Fälle vor, bei denen Taten, die unbedingt zu einem gerechten Menschen und zu einem, den wir als Ehrenmann bezeichnen, zu passen scheinen, ihren Charakter ändern und ins Gegenteil umschlagen, z.B. die Rückgabe eines anvertrauten Ge-

genstands – auch an einen Wahnsinnigen? – und die Erfüllung eines Versprechens.[12] So wird es manchmal gerecht, sich über Anforderungen der Aufrichtigkeit und Treue hinwegzusetzen und sich nicht an sie zu halten. Sie sollten nämlich an dem gemessen werden, was ich zu Anfang als die Grundlage der Gerechtigkeit darstellte, erstens niemandem zu schaden, zweitens dem Gemeinwohl zu dienen. Wenn diese Voraussetzungen sich mit der Situation verändern, ändert sich auch die Pflicht und ist nicht mehr dieselbe. (32) Bei einem Versprechen und bei einer Vereinbarung kann es nämlich vorkommen, daß die Erfüllung für den, dem das Versprechen gegeben wurde, oder für den, der es gab, nutzlos wird. Denn wenn Neptun das, was er Theseus versprochen hatte, nicht so, wie es in den Tragödien steht, verwirklicht hätte, so wäre Theseus seines Sohnes Hippolytos nicht beraubt worden. Sein zorniger Wunsch nach Vernichtung des Hippolytos war nämlich, wie es heißt, der dritte von drei Wünschen; seine Erfüllung stürzte Theseus in die tiefste Trauer. So braucht man also die Versprechen nicht zu halten, die für die, denen man sie gab, nutzlos sind; und wenn sie einem mehr schaden, als sie dem nützen, dem man sie gab, so steht es nicht im Widerspruch zur Pflicht, das Wichtigere dem Unwichtigeren vorzuziehen. Wenn man sich beispielsweise verpflichtet hat, als Rechtsbeistand für jemand an Ort und Stelle zu erscheinen, und wenn inzwischen der Sohn schwer krank geworden ist, dann stünde es nicht im Widerspruch zur Pflicht, zu unterlassen, was man gesagt hat, und eher würde der, dem das Versprechen gegeben war, die Pflicht verletzen, wenn er sich beklagen würde, er sei im Stich gelassen worden. Wer sieht auch ferner nicht, daß man zu den Versprechen nicht stehen muß, die man gezwungen, aus Angst oder von einer List getäuscht gegeben hat. Von ihnen wird man in den meisten Fällen durch das prätorische Recht[13], in manchen Fällen durch die Gesetze entbunden. (33) Häufig entstehen Ungerechtigkeiten auch durch Verleumdung und durch eine allzu raffinierte, aber boshafte Auslegung des Rechts. Daher kommt es, daß jener Satz »das strengste Recht ist schlimmstes Unrecht« schon zu einem abgedroschenen Sprichwort geworden ist.[14] In diesem Punkt gibt es auch in der Politik viele Verstöße, etwa bei jenem Mann, der nach dem Abschluß eines Waffenstillstands von dreißig Tagen mit dem Feind bei Nacht das Land verwüstete, da ja ein Waffenstillstand von Tagen, nicht von Nächten geschlossen worden sei.[15] Nicht einmal unser Landsmann verdient hier Anerkennung, wenn es zutrifft, daß Quintus Fabius Labeo oder jemand anders – ich kenne die Geschichte nämlich nur vom Hörensagen – für die Einwohner von Nola und Neapel als Schiedsrichter in einer Grenzfrage bestellt wurde und, als er zu dem fraglichen Ort kam, in getrennten Gesprächen mit beiden Parteien dazu aufforderte, nicht gierig und habsüchtig vorzugehen und lieber zurückzuweichen als vorzurücken. Als beide Seiten es so machten, blieb ein Stück Land in der Mitte übrig. Da legte Fabius die Grenzen der beiden so fest, wie sie beide es angegeben hatten; das Stück, das in der Mitte übriggeblieben war, sprach er dem römischen Volk zu. Das heißt freilich übervorteilen, nicht urteilen. Deshalb ist eine solche Gerissenheit in jedem Fall zu meiden.

XI (34) Gewisse Pflichten muß man aber auch gegenüber denen erfüllen, von denen man ein Unrecht erlitten hat. Es gibt nämlich ein Maß im Rächen und im Strafen. Vielleicht genügt es schon, wenn der, der angefangen hat, sein Unrecht bereut, damit er selbst so etwas später nicht mehr tut und sich die anderen weniger schnell zu einem Unrecht entschließen. Auch muß man in der Politik die Regeln des Kriegsrechts unbedingt einhalten. Denn da es zwei Arten der Auseinandersetzung gibt, die eine durch Verhandlung, die andere mit Gewalt, und da die erstere dem Wesen des Menschen, die letztere dem Wesen der Tiere entspricht, darf man zur zweiten erst seine Zuflucht nehmen, wenn man die erste nicht anwenden kann. (35) Deshalb muß man zwar Kriege dazu auf sich nehmen, daß man in Frieden leben kann, ohne ein Unrecht zu erleiden, doch wenn der Sieg errungen ist, muß man die Gegner vor dem Untergang bewahren, soweit sie sich im Krieg nicht grausam und barbarisch zeigten. So haben unsere Vorfahren die Tuskulaner, Aequer, Volsker, Sabiner und Herniker sogar in ihren Staat aufgenommen, Karthago und Numantia aber bis auf den Grund zerstört. Ich wünschte, sie hätten es Korinth erspart, doch sie verfolgten wohl ein Ziel damit, vor allem was den Vorteil seiner Lage betraf, damit gerade sie nicht noch einmal dazu ermuntern könnte, einen Krieg zu führen. Nach meiner Meinung muß man jedenfalls stets auf den Frieden bedacht sein, soweit er nicht die Drohung eines Anschlags in sich birgt. Hätte man in diesem Punkt auf mich gehört, besäßen wir, wenn schon nicht einen idealen, so doch immerhin noch irgendeinen Staat, der jetzt völlig dahin ist. Wie man auch für die Gegner, die man mit Gewalt besiegt hat, sorgen muß, so hat man ganz besonders die unter seinen Schutz zu nehmen, die ihre Zuflucht zur Gnade der Feldherren nehmen, mag der Rammbock auch die Mauer zertrümmert haben. In dieser Frage wurde die Gerechtigkeit bei unseren Landsleuten so hoch gehalten, daß die, denen sich im Krieg besiegte Stämme oder Völker ergeben hatten, nach der Sitte der Vorfahren ihre Schirmherren wurden. (36) Die Regeln der Billigkeit im Krieg sind ja auch im Fetialrecht[16] des römischen Volkes unverbrüchlich aufgezeichnet. Daraus ist zu ersehen, daß der Krieg nur dann gerecht ist, wenn man ihn führt, nachdem Genugtuung gefordert wurde oder wenn er zuvor erklärt und angekündigt wurde. Popilius war als Feldherr Statthalter der Provinz, in deren Heer der Sohn Catos als Rekrut Dienst tat. Als Popilius aber beschloß, eine Legion zu entlassen, entließ er auch den Sohn Catos, der in dieser Legion diente. Da der jedoch aus Kampfeseifer beim Heer zurückblieb, schrieb Cato an Popilius, wenn er ihn beim Heer bleiben lasse, solle er ihn erneut vereidigen, weil er nach dem Verlust des früheren Rechts nicht mit dem Feind kämpfen konnte. So streng war die Beachtung der Regeln, wenn man einen Krieg begann. (37) Es existiert ein Brief des greisen Marcus Cato an seinen Sohn Marcus, in dem er schrieb, er habe gehört, daß er vom Konsul entlassen worden sei, als er in Makedonien beim Feldzug gegen Perseus diente. Er mahnt ihn deshalb, er solle sich davor hüten, sich auf einen Kampf einzulassen; wer nämlich nicht Soldat sei, habe kein Recht, mit dem Feind zu kämpfen[17]. XII Dazu bemerke ich auch, daß man die Härte des Sachverhalts durch einen gelinden Ausdruck milderte, indem man den, der eigentlich »Kriegsgegner« hieß, als »Feind« bezeichnete. »Feind« hieß bei unseren Vorfahren nämlich einer, den wir heute »Ausländer« nennen. Das zeigen die Zwölf Tafeln[18]: »oder der mit einem Feind vereinbarte Termin« und ebenso »die unbegrenzte Haftung gegenüber einem Feind«. Was könnte man zu dieser Milde noch hinzufügen, daß man den, gegen den man Krieg führt, mit einem so gelinden Namen bezeichnet? Das Alter hat diesen Ausdruck freilich härter klingen lassen; denn er löste sich von der Bezeichnung des Ausländers und blieb im eigentlichen Sinne bei dem, der uns mit Waffen bekämpft.

(38) Wenn man jedoch um die Vorherrschaft streitet und im Krieg Ruhm zu gewinnen sucht, so müssen trotzdem in jedem Fall dieselben Gründe vorliegen, die ich gerade eben als gerechte Kriegsgründe nannte. Aber die Kriege, bei denen der Ruhm der Vorherrschaft winkt, sollte man weniger erbittert führen. Denn wie wir bei einem Wettstreit im zivilen Leben mit einem Feinde anders als mit einem Mitbewerber streiten – beim einen geht der Streit um Rang und Ehre, beim andern um den Ruf und um die Existenz –, so führte man mit Keltiberern und mit Kimbern Krieg um die Frage, wer überlebte, nicht wer dominierte, während es beim Kampf mit den Latinern, Sabinern, Samniten, Puniern oder Pyrrhus um die Vorherrschaft ging. Die Punier waren vertragsbrüchig, Hannibal grausam, die übrigen aber gerechter. Von Pyrrhus

stammen jene eindrucksvollen Worte über die Rückgabe der Gefangenen:

»Weder verlange ich Gold noch sollt ihr mir Lösegeld
zahlen.
Laßt uns den Krieg wie Krieger und nicht wie Krämer
entscheiden
Und mit dem Schwert, nicht mit Gold den Kampf um
das Leben austragen.
Ob das Schicksal euch oder mich zur Herrschaft
erkoren,
Wollen wir tapfer erproben. Und laß dir zugleich
soviel sagen:
Wer sich männlich bewährt und vom Glück
des Krieges verschont wird,
Dem soll nach meinem Entschluß auch die Schonung
der Freiheit gewährt sein.
Nehmt mein Geschenk, ich gebe es euch nach dem
Willen der Götter.«[19]

Wahrhaftig ein königliches Wort und würdig eines Mannes aus dem Stamm der Aiakiden.

XIII (39) Auch dann, wenn jemand, durch die Situation veranlaßt, dem Feind etwas versprochen hat, muß er gerade dabei sein Wort halten. So war im Ersten Punischen Krieg Regulus als Kriegsgefangener von den Karthagern wegen des Austauschs der Gefangenen nach Rom geschickt worden und hatte geschworen zurückzukehren. Er äußerte sich erstens nach seiner Ankunft im Senat dagegen, die Gefangenen zurückzugeben, zweitens wollte er, als seine Verwandten und Freunde ihn zurückzuhalten suchten, lieber zur Hinrichtung zurückkehren als das dem Feind gegebene Wort brechen. (40) Im Zweiten Punischen Krieg aber schickte nach der Schlacht von Cannae Hannibal zehn römische Gefangene nach Rom, die sich durch einen Schwur verpflichtet hatten zurückzukehren, wenn sie hinsichtlich der Auslösung der Gefangenen nichts erreichten. Sie wurden alle von den Censoren wegen Meineids lebenslänglich in der Klasse der Ärarier[20] belassen, auch derjenige, der sich bei seinem Eid eines Betrugs schuldig gemacht hatte. Denn als er mit Erlaubnis Hannibals das Lager verlassen hatte, kehrte er kurz darauf zurück, weil er angeblich etwas vergessen hatte. Als er danach das Lager verließ, war er der Meinung, er sei von seinem Eid entbunden; das war er aber nur den Worten, nicht der Sache nach. Bei dem gegebenen Wort muß man aber immer bedenken, was man gemeint, und nicht was man gesagt hat. Das eindrucksvollste Beispiel der Gerechtigkeit gegenüber einem Feind ist aber von unseren Vorfahren gegeben worden, als ein Überläufer von Pyrrhus dem Senat versprach, er werde dem König Gift geben und ihn so ermorden. Der Senat und Gaius Fabricius lieferten ihn an Pyrrhus aus. So konsequent mißbilligte man die verbrecherische Ermordung selbst eines mächtigen und grundlos aggressiven Feindes. Damit ist über die Pflichten, die den Krieg betreffen, jedenfalls genug gesagt.

(41) Wir wollen aber daran denken, daß man auch gegen die Geringsten Gerechtigkeit zu üben hat. Am tiefsten aber stehen ihrer Stellung und Existenzbedingung nach die Sklaven. Es ist kein schlechter Grundsatz, der gebietet, sie so wie Taglöhner zu behandeln, Arbeit zu fordern und die gerechte Gegenleistung zu gewähren. Wenn Unrecht aber auf zwei Arten geschieht, das heißt entweder durch Gewaltanwendung oder durch Betrug, scheint der Betrug gleichsam der Art des Fuchses, Gewaltanwendung aber der des Löwen zu entsprechen. Dem Menschen ist beides völlig wesensfremd, doch der Betrug verdient mehr Abscheu. Die ganze Ungerechtigkeit kennt aber keine todeswürdigere Art als die, bei der man ausgerechnet, wenn man täuscht, den Anschein eines Ehrenmannes zu erwecken sucht. Damit ist über die Gerechtigkeit genug gesagt.

XIV (42) Anschließend soll, wie vorgesehen, von der

Wohltätigkeit und der Freigebigkeit die Rede sein. Zwar ist dem Wesen des Menschen nichts angemessener als sie, doch sie erfordert viele Vorsichtsmaßregeln. Zum ersten muß man nämlich darauf achten, daß die Güte nicht denen selbst, die Gutes zu erfahren scheinen, und den anderen abträglich ist, zum zweiten, daß die Güte nicht die Möglichkeiten übersteigt, zum dritten, daß jedem nach Verdienst gegeben wird; denn das ist die Grundlage der Gerechtigkeit, an der all das gemessen werden muß. Denn wer jemandem eine Gefälligkeit erweist, die dem, dem man scheinbar zu nützen wünscht, abträglich ist, den sollte man nicht für wohltätig und freigebig, sondern für einen üblen Schmeichler halten. Und wer den einen schadet, um sich gegen andere freigebig zu erweisen, macht sich desselben Unrechts schuldig, wie wenn er fremdes Eigentum für sich verwendet. (43) Es gibt indessen viele, besonders auf Ansehen und Ruhm erpichte Menschen, die den einen wegnehmen, was sie anderen geben, und sie versprechen sich davon den Anschein der Freigebigkeit gegenüber ihren Freunden, wenn sie sie auf jede Art und Weise bereichern. Doch das ist davon so weit entfernt, daß nichts in schärferem Gegensatz zu pflichtgemäßem Handeln stehen kann. Wir müssen also darauf achten, daß wir eine Freigebigkeit ausüben, die unseren Freunden nützt und keinem anderen schadet. Man sollte es deshalb nicht als Freigebigkeit betrachten, wenn Lucius Sulla und Gaius Caesar den rechtmäßigen Besitzern das Geld wegnahmen, um es anderen zu geben. Denn es ist nichts freigebig, was nicht zugleich gerecht ist. (44) An zweiter Stelle stand die Forderung, auf der Hut zu sein, daß nicht die Güte die Möglichkeiten übersteigt. Denn wer freigebiger sein will, als es seine Verhältnisse erlauben, versündigt sich zunächst dadurch, daß er ein Unrecht an seinen nächsten Angehörigen begeht. Denn Mittel, die richtiger weise diesen zur Verfügung stehen und vorbehalten bleiben müßten, läßt er fremden Leuten zukommen. In einer solchen Freigebigkeit steckt aber meistens das Verlangen nach Raub und widerrechtlicher Enteignung, damit die Mittel für Schenkungen zur Verfügung stehen. Man kann auch sehen, daß die meisten nicht so sehr aus einer natürlichen Freigebigkeit als vielmehr von einem gewissen Ehrgefühl geleitet, um wohltätig zu erscheinen, vieles tun, was mehr aus prahlerischer Absicht als aus echter Neigung entspringt. Doch eine solche Heuchelei hat mehr mit leerem Schein zu tun als mit sittlich wertvoller Freigebigkeit. (45) Die dritte Forderung bezog sich darauf, bei der Wohltätigkeit eine Auswahl nach dem Verdienst zu treffen. Dabei wird man auf den Charakter dessen achten müssen, dem die Wohltat erwiesen werden soll, auf seine Einstellung zu uns, auf die Gemeinschaft und Verbindung, in der wir mit ihm leben, und auf Dienste, die er uns früher zu unserem Vorteil geleistet hat. Es ist zu wünschen, daß alle diese Voraussetzungen zusammenkommen; andernfalls werden die zahlreicheren und wichtigeren Gründe den Ausschlag geben.

XV (46) Weil man im Leben aber nicht mit vollkommenen und völlig weisen Menschen zu tun hat, sondern mit Leuten, bei denen es glänzend steht, wenn sie Abbilder der Tugend sind, muß man wohl auch zu dieser Einsicht kommen: Man darf niemanden völlig unbeachtet lassen, bei dem sich irgendein Zeichen von Tugend findet, aber jeder sollte um so aufmerksamer behandelt werden, je mehr ihn diese milderen Tugenden zieren: Maß, Selbstbeherrschung und eben die, von der bereits ausgiebig die Rede war, die Gerechtigkeit. Denn Tapferkeit und Mut zeigt sich bei einem Menschen, der nicht vollkommen und weise ist, zumeist im Übermaß, dagegen scheinen jene Tugenden eher zu einem anständigen Menschen zu passen. Doch das ist eine Frage des Charakters. (47) Was aber das Wohlwollen angeht, das einer für uns empfindet, so verlangt das pflichtgemäße Handeln als erstes, daß wir dem am meisten zukommen lassen, von dem wir am meisten geliebt werden, daß wir das Wohlwollen aber nicht wie junge Leute nach einer Art von Liebesglut, sondern vielmehr nach Festigkeit und Zuverlässigkeit beurteilen. Wenn aber jemand Verdienste aufzuweisen hat, so daß es nicht darum geht, seine Gunst zu gewinnen, sondern ihm Dank abzustatten, muß man noch größere Sorgfalt walten lassen. Denn keine Pflicht ist dringender als die, sich dankbar zu erweisen. (48) Wenn aber Hesiod dazu auffordert, das, was man zum Gebrauch bekommen hat, nach Möglichkeit in größerem Maßstab zurückzugeben[21], was müssen wir denn erst dann tun, wenn wir durch eine Wohltat herausgefordert sind? Doch wohl fruchtbare Äcker nachahmen, die viel mehr hervorbringen, als sie empfangen haben? Wenn wir nicht zögern, denen Dienste zu erweisen, von denen wir uns Nutzen erhoffen, wie müssen wir uns denn dann gegenüber denen zeigen, die uns schon von Nutzen waren? Denn da es zwei Arten der Freigebigkeit gibt, einmal die, eine Wohltat zu erweisen, zum anderen die, eine Wohltat zu erwidern, liegt es in unserer Macht, ob wir sie erweisen oder nicht, doch sie nicht zu erwidern, ist einem anständigen Mann nicht erlaubt, wenn er es ohne Unrecht tun kann. (49) Doch bei empfangenen Wohltaten muß man eine Auswahl treffen, und ohne Zweifel schuldet man der größten jeweils am meisten. Doch sollte man dabei besonders abwägen, in welcher Gesinnung, Absicht und Neigung der Betreffende jeweils gehandelt hat. Denn viele tun vieles in einer Art von Hemmungslosigkeit und sind verschwenderisch, ohne ein Urteil oder Maß zu kennen. Sie werden gegenüber allen gleichsam von einer krankhaften Anfälligkeit oder von einer plötzlichen Aufwallung wie von einem Windstoß erfaßt. Solche Wohltaten sind nicht gleich hoch zu schätzen wie diejenigen, die mit Urteilsvermögen, Bedacht und Festigkeit erwiesen werden. Doch beim Erweisen einer Wohltat und beim Erwidern einer Gunst ist man, sofern die übrigen Umstände gleich sind, besonders dazu verpflichtet, jeweils demjenigen am ehesten zu helfen, der der Hilfe am dringendsten bedarf. Die meisten tun jedoch das Gegenteil; demjenigen, von dem sie sich am meisten erhoffen, sind sie, auch wenn er sie nicht braucht, trotzdem am ehesten zu Diensten.

XVI (50) Am besten aber wird die Gemeinschaft und Verbindung der Menschen gewahrt, wenn man jeweils demjenigen am meisten Wohlwollen erweist, mit dem man am engsten verbunden ist. Doch welches die natürlichen Grundlagen der menschlichen Gemeinschaft und Zusammengehörigkeit sind, diese Frage muß ich wohl etwas gründlicher behandeln.

Die erste ist nämlich die, die man an der Gemeinschaft des gesamten menschlichen Geschlechts erkennen kann. Ihr einigendes Band ist aber Vernunft und Sprache, die die Menschen durch Lehren, Lernen, Gedankenaustausch, Verhandlung und Urteilsbildung miteinander verbindet und zu einer ganz natürlichen Gemeinschaft zusammenführt. Nichts unterscheidet uns in unserem Wesen mehr von den Tieren; wir sprechen bei ihnen zwar oft von Tapferkeit, etwa bei Pferden oder Löwen, aber nicht von Gerechtigkeit, von Billigkeit oder von Güte; sie haben ja keinen Anteil an der Vernunft und an der Sprache. (51) Diese Gemeinschaft der Menschen miteinander gilt aber in sehr weitem Umfang. Sie schließt die Pflicht ein, die Gemeinsamkeit bei allen Dingen zu bewahren, die die Natur zum gemeinsamen Gebrauch der Menschen hervorgebracht hat. So soll man es bei dem, was durch Gesetze und das Bürgerliche Recht geregelt ist, so halten, wie es durch die Gesetze festgelegt ist; im übrigen soll, wie es in dem Sprichwort der Griechen heißt[22], der Grundsatz gelten, daß »Freunde alles gemeinsam haben«.

Gemeinsam sind allen Menschen aber wohl Dinge solcher Art, wie sie von Ennius in einem Falle aufgeführt sind, aber auch auf viele andere übertragen werden können:

»Wer freundlich einem Irrenden die Richtung weist,
Entzündet ihm gleichsam ein Licht von seinem Licht.
Zwar brennt es jenem, doch es leuchtet auch ihm selbst.«[23]

An einem Falle macht er zur Genüge deutlich, daß jede Gefälligkeit, die ohne Schaden möglich ist, auch einem Unbekannten erwiesen werden soll. (52) Daraus ergeben sich die folgenden Grundsätze: niemanden vom fließenden Wasser abzuhalten; dem, der es wünscht, die Möglichkeit zu geben, sein Feuer an dem unseren anzuzünden; dem Ratsuchenden einen zuverlässigen Rat zu geben. Das ist für die Empfänger nützlich und für den Geber keine Last. Deshalb muß man sich auch nach diesen Grundsätzen richten und immer irgendeinen Beitrag zum Gemeinwohl leisten. Weil aber jeder für sich nur über geringe Mittel verfügt, die Menge der Bedürftigen jedoch unendlich ist, muß die gewöhnliche Freigebigkeit auf jenes Ziel des Ennius ausgerichtet sein, daß »es auch ihm selbst leuchtet«, damit wir eine Möglichkeit haben, freigebig gegen die Unsrigen zu sein.

XVII (53) Es gibt jedoch mehrere Stufen der Verbindung zwischen Menschen. Denn enger, um von jener unbegrenzten Gemeinschaft abzusehen, ist die Zugehörigkeit zur selben Stammes-, Volks- und Sprachgemeinschaft, die die Menschen ganz besonders verbindet. Tiefer geht auch die Zugehörigkeit zur selben Bürgerschaft; denn Bürger haben vieles miteinander gemeinsam, Markt, Tempel, Säulenhallen, Straßen, Gesetze, Rechtsnormen, Gerichte, Abstimmungen, des weiteren gesellschaftliche und freundschaftliche Kontakte, geschäftliche oder vertragliche Beziehungen. Noch enger aber ist die Verbindung durch verwandtschaftliche Zusammengehörigkeit. Mit ihr verkleinert und verengt sich nämlich jene Verbindung durch die unermeßliche Gemeinschaft des menschlichen Geschlechts. (54) Denn weil das Streben nach Fortpflanzung von Natur aus allen Lebewesen gemeinsam ist, besteht die erste Gemeinschaft in der Ehe selbst, die nächste in der Verbindung der Eltern mit den Kindern, die folgende sodann in einer Hausgemeinschaft, deren Gliedern alles gemeinsam ist. Diese Gemeinschaft aber ist die Keimzelle der Stadt und gleichsam die Pflanzstätte des Staates. Es folgen die Verbindungen von Brüdern, dann von Geschwisterkindern väterlicher- und mütterlicherseits; da sie ein einziges Haus nicht mehr fassen kann, ziehen sie in andere Häuser wie in Tochterstädte aus. Es folgen Verbindungen durch Heirat und Verschwägerung, mit denen die Anzahl der Verwandten noch größer wird. Diese Vermehrung und Fortpflanzung bildet den Ursprung der Staaten. Die Bande des Blutes verbinden die Menschen aber auch durch Liebe und Zuneigung. (55) Es ist ja etwas Großes, dieselben Denkmäler der Vorfahren zu besitzen, dieselben heiligen Handlungen zu begehen und gemeinsame Grabmäler zu haben. Doch unter allen Verbindungen ist keine besser und zuverlässiger als die, in der sich anständige Männer von ähnlichem Charakter freundschaftlich zusammenfinden. Denn jenes sittlich Gute, von dem wir häufig reden, beeindruckt uns auch, wenn wir es an einem anderen feststellen, und macht uns zu Freunden dessen, bei dem es sich zu finden scheint. (56) Zwar zieht uns jede Tugend an und läßt uns Sympathie für die empfinden, bei denen sie gegeben scheint, doch diese Wirkung ist bei der Gerechtigkeit und der Freigebigkeit am stärksten. Es gibt aber nichts Liebenswürdigeres und Harmonischeres als die Ähnlichkeit guter Menschen hinsichtlich ihrer Charaktereigenschaften. Bei Menschen, deren Neigungen und Wünsche dieselben sind, geschieht es ja, daß jeder am anderen soviel Freude hat wie an sich selbst, und es ergibt sich, was Pythagoras sich bei der Freundschaft wünscht, daß ein einziger aus mehreren wird.[24] Wichtig ist auch die Gemeinschaft, die aus wechselseitig erwiesenen und empfangenen Wohltaten entsteht. Solange sie auf Gegenseitigkeit beruhen und willkommen sind, entwickelt sich zwischen den Partnern eine dauerhafte Gemeinschaft. (57) Doch wenn man alle Beziehungen betrachtet und bedenkt, ist keine unter ihnen wertvoller und wesentlicher als die, die jeden von uns mit dem Staat verbindet. Lieb sind uns die Eltern, lieb die Kinder, die Verwandten und die Freunde, doch alle Empfindungen der Liebe zu allen umschließt das eine Vaterland. Welcher anständige Mensch würde zögern, dafür zu sterben, wenn er ihm damit nützen könnte? Um so abscheulicher ist die Roheit derjenigen, die sich mit jedem Verbrechen an ihrem Vaterland vergingen und mit seiner völligen Zerstörung beschäftigt sind und waren.[25] (58) Wenn aber ein Vergleich oder Wettstreit stattfände, wem man am meisten verpflichtet ist, so stünden Vaterland und Eltern an der Spitze; denn ihnen sind wir durch die größten Wohltaten verbunden. Die nächsten sind die Kinder und die ganze Hausgemeinschaft, die nur auf uns blickt und keine andere Zuflucht finden kann. Dann kommen die Verwandten, mit denen wir gut harmonieren und meistens auch das Schicksal teilen. Deswegen werden die unerläßlichen Vorkehrungen zum Schutz des Lebens vor allem denen geschuldet, die ich vorhin nannte; doch die Gemeinsamkeit des Lebens und der Lebensführung, Ratschläge, Gespräche, Ermahnungen, Tröstungen, zuweilen auch kritische Vorhaltungen kommen in Freundschaften am stärksten zur Wirkung, und die Freundschaft ist am angenehmsten, zu der die Ähnlichkeit der Wesensart geführt hat.

XVIII (59) Bei allen diesen Liebesdiensten wird man aber darauf zu achten haben, was für den Betreffenden jeweils am wichtigsten ist und was er auch ohne uns erreichen beziehungsweise nicht erreichen kann. So werden die Abstufungen der Beziehungen nicht dieselben sein wie die der Situationen, und es gibt Dinge, die man den einen mehr als den anderen schuldet. So wird man einem Nachbarn etwa bei der Ernte eher helfen als einem Bruder oder Freund, dagegen wenn ein Verfahren vor Gericht anhängig ist, einen Verwandten oder Freund eher als einen Nachbarn verteidigen. Solche und ähnliche Gesichtspunkte muß man bei jedem Dienst beachten – und sich die nötige praktische Übung aneignen –, damit man seine Verpflichtung gut kalkulieren und durch Addieren und Subtrahieren den Restbetrag feststellen kann, um daraus zu ersehen, wieviel man einem jeweils schuldet. (60) Wie aber weder Ärzte noch Feldherren noch Redner, wenn sie die Regeln ihrer Kunst auch noch so gut beherrschen, ohne praktische Erfahrung etwas besonders Lobwürdiges erreichen können, so werden die Regeln der Pflichterfüllung zwar überliefert, wie ich selbst es tue, die Bedeutung der Sache erfordert aber auch praktische Erfahrung. Wie sich von diesen Rechtsansprüchen der menschlichen Gemeinschaft das sittlich Gute herleiten läßt, nach dem sich das pflichtgemäße Handeln richtet, darüber habe ich wohl genug gesagt.

(61) Da es jedoch um vier Bereiche geht, aus denen sich die Forderung nach Sittlichkeit und pflichtgemäßem Handeln ergibt, muß man einsehen, daß das am glänzendsten erscheint, was das Werk hochgemuter, stolzer und Menschenlos verachtender Gesinnung ist. Deshalb liegt es bei Schmähungen besonders nahe, so etwas zu sagen:

»Ihr jungen Männer zeigt ja Weibersinn,
doch jene Jungfrau Mannesmut.«

Oder etwas von dieser Art:

»Salmakidenbeute ohne Schweiß und Blut.«[26]

In Lobliedern dagegen rühmen wir mutige, tapfere, treffliche Taten gewissermaßen mit vollerem Klang. Daher sind Marathon, Salamis oder Platää, die Thermopylen oder Leuktra ein Gemeinplatz der Rhetoren, daher sind bei uns Cocles, die Decier, Gnaeus und Publius Scipio, Marcus Marcellus und unzählige andere, besonders aber das römische Volk selbst hervorragende Beispiele hohen Sinnes. Das Streben nach militärischem Ruhm kommt aber darin zum Ausdruck, daß wir Standbilder in der Regel in kriegerischer Rüstung sehen.

XIX (62) Doch die hochfahrende Gesinnung, die man in Gefahren und Mühen beobachten kann, ist dann verfehlt, wenn sie nichts mit Gerechtigkeit zu tun hat und nicht für das Gemeinwohl, sondern für eigene Interessen kämpft. Sie ist nämlich nicht nur kein Zeichen von Tugend, sondern vielmehr Merkmal einer Roheit, die jeder menschlichen Gesittung widerspricht. Die Tapferkeit wird deshalb von den Stoikern zutreffend definiert, wenn sie sie eine Tugend nennen, die für Recht und Billigkeit kämpft. Deshalb hat niemand einen Ehrentitel errungen, wenn er den Ruhm der Tapferkeit mit Hinterlist und Bosheit gewonnen hat; denn nichts, was die Gerechtigkeit vermissen läßt, kann sittlich wertvoll sein. (63) Darum ist jener Ausspruch Platons treffend: »Man sollte nicht nur ein Wissen, das von der Gerechtigkeit getrennt ist, eher Schläue als Weisheit nennen, sondern es müßte auch mutige Bereitschaft zur Gefahr, wenn sie sich von persönlichem Verlangen statt vom Gemeinwohl leiten läßt, eher den Namen der Tollkühnheit tragen als den der Tapferkeit.«[27] Nach unserem Willen sollen tapfere und hochgesinnte Männer deshalb anständig und schlicht, wahrheitsliebend und ohne jede Falschheit sein. Denn diese Eigenschaften stammen mitten aus den Vorzügen der Gerechtigkeit. (64) Mißlich ist aber die Tatsache, daß sich in diesem hohen und anspruchsvollen Sinn sehr leicht eine hartnäckige und übermäßige Begierde nach Vorherrschaft entwickelt. Denn wie nach Platons Wort der ganze Charakter der Spartaner von brennendem Verlangen nach Sieg erfüllt ist[28], so will ein großer Geist, je überragender er ist, um so entschlossener der erste unter allen oder vielmehr der einzige sein. Doch wenn man danach trachtet, alle zu überragen, ist es schwierig, noch den Grundsatz der Gleichheit zu wahren, der ein ganz wesentliches Merkmal der Gerechtigkeit darstellt. So kommt es, daß diese Menschen sich weder durch Verhandlungen noch durch ein öffentliches Recht oder Gesetz in ihre Schranken weisen lassen. Sie treten in der Politik durch großzügige Spenden und Bildung von Parteien hervor, um möglichst großen Einfluß zu erlangen und eher durch ihre Stärke überlegen als durch Gerechtigkeit mit anderen gleichgestellt zu sein. Doch letzteres ist um so wichtiger, je schwieriger es ist; denn es gibt keine Lage, in der man nicht an die Gerechtigkeit gebunden ist. (65) Als tapfer und hochgesinnt hat man infolgedessen nicht die zu betrachten, die Unrecht begehen, sondern die ihm wehren. Ein Mann mit wahrer und weiser Seelengröße kommt aber zu dem Urteil, daß das sittlich Gute, nach dem sich die Natur vor allem richtet, in Taten, nicht in Ruhm besteht, und will lieber vortrefflich sein als scheinen. Denn wer vom Irrtum einer unverständigen Menge abhängig ist, der darf nicht zu den großen Männern gerechnet werden. Doch läßt sich jemand um so leichter durch Ruhmsucht zu Ungerechtigkeiten verleiten, je mehr sein Sinn auf hohe Ziele gerichtet ist. Das ist ein heikler Punkt, weil sich kaum jemand findet, der, wenn er Mühen auf sich genommen und sich in Gefahr begeben hat, nicht Ruhm gleichsam als Lohn für seine Taten ersehnt.

XX (66) Ein tapferer und hochgesinnter Mensch ist überhaupt besonders an zwei Eigenschaften zu erkennen. Die eine von ihnen besteht in der Verachtung äußerer Dinge, da er der Überzeugung ist, für einen Menschen sei nur das sittlich Gute und Schöne zu bewundern, zu wünschen oder zu erstreben und er dürfe sich keinem Menschen, keiner Leidenschaft und keinem Schicksal unterwerfen. Das zweite Merkmal eines Menschen, der so gesinnt ist, wie ich oben sagte, besteht darin, daß er zwar große und besonders nützliche Taten vollbringt, doch solche, die überaus beschwerlich sind und voll von Mühen und Gefahren für sein Leben und für viele Dinge, die zu seinem Leben gehören. (67) Bei diesen beiden Merkmalen beruhen Glanz und Wirkung – ich füge noch den Nutzen hinzu – ganz auf dem letzteren, die eigentliche Ursache, die große Männer hervorbringt, besteht jedoch im ersteren. Denn darauf gründet sich ja jene Haltung, die Hochgesinntheit und Verachtung der menschlichen Belange bewirkt. Gerade sie erweist sich aber unter zwei Voraussetzungen, nämlich dann, wenn man nur das, was sittlich wertvoll ist, für ein Gut hält und wenn man frei von jeder Leidenschaft ist. Denn es ist einerseits als Zeichen tapferen und hohen Sinnes zu betrachten, das, was den meisten bedeutend und wichtig scheint, für klein zu halten und in verläßlicher und sicherer Einschätzung zu verachten, und es ist andererseits für ein Zeichen von Seelenstärke und unbedingter Festigkeit zu halten, die vielen Wechselfälle im Leben und Schicksal der Menschen, die den meisten bitter scheinen, so zu tragen, daß man in keinem Punkt von der natürlichen Verfassung und von der Würde eines Weisen abweicht. (68) Es würde aber nicht zusammenpassen, daß jemand, den die Furcht nicht übermannt, sich durch Begierde übermannen läßt, und einer, der sich in Mühsal unüberwindlich zeigte, von der Lust überwunden wird. Darum muß man sie meiden und vor der Geldgier auf der Hut sein. Nichts deutet nämlich auf einen so beschränkten, armseligen Geist wie das Verlangen nach Reichtum, und nichts ist ehrenhafter und großartiger, als das Geld zu verachten, wenn man es nicht hat, wenn man es aber hat, wohltätig und freigebig Gebrauch von ihm zu machen. Man muß auch, wie ich oben sagte, vor Ruhmsucht auf der Hut sein; sie raubt den Menschen nämlich die Freiheit, die für hochgesinnte Männer das Ziel allen Strebens sein muß. Doch sollte man auch nicht nach Ämtern streben und sie vielmehr zuweilen ausschlagen oder mitunter niederlegen. (69) Man muß sich aber von jedem inneren Aufruhr freihalten, sowohl von Gier und Angst als auch besonders von Gram, von übermäßiger Lust und von Jähzorn, damit sich Seelenruhe und Gelassenheit einstellt, die sowohl Festigkeit als auch besonders Würde mit sich bringt.

Doch gibt und gab es viele, die sich im Streben nach der erwähnten Ruhe von öffentlichen Geschäften abwandten und ihre Zuflucht bei der Muße suchten. Zu ihnen gehören einerseits berühmte und bei weitem führende Philosophen, andererseits manche ernsten, bedeutenden Persönlichkeiten; sie konnten den Charakter des Volkes und der

Fürsten nicht ertragen und lebten in manchen Fällen im Genuß ihres Vermögens auf dem Land. (70) Sie hatten dasselbe Ziel wie Könige, nämlich nichts zu entbehren, niemandem zu gehorchen und sich der Freiheit zu erfreuen, deren Wesensmerkmal es ist, so zu leben, wie man will. XXI Diesen Zug haben deshalb die Machtgierigen mit den genannten Freunden der Muße gemeinsam; aber die einen glauben, daß sie ihr Ziel erreichen können, wenn sie große Macht besitzen, während die anderen sich mit ihrem bescheidenen Besitz begnügen. Dabei ist keiner der beiden Standpunkte ganz zu verachten; doch leichter, sicherer und weniger belastend und beschwerlich für andere ist das Leben derer, die die Muße pflegen, fruchtbarer aber für die Menschen und ergiebiger für Glanz und Würde ist das Leben derjenigen, die sich zur Politik und großen Taten entschlossen haben. (71) Deswegen sollte man vielleicht Verständnis dafür haben, wenn diejenigen nicht die politische Laufbahn einschlagen, die sich mit überragender Begabung der Wissenschaft gewidmet haben, und wenn sich Leute von der Politik abwandten, die durch Krankheit oder sonst einen gewichtigeren Grund behindert waren, wobei sie die politische Macht und den Ruhm anderen überließen. Wenn aber Leute, die keinen solchen Grund haben, erklären, sie verachteten das, was die meisten bewundern, nämlich Kommandostellen und Regierungsämter, so glaube ich, daß ihnen das nicht nur nicht als Ruhmestitel, sondern sogar als Fehler anzurechnen ist. Ihr Urteil ist insofern, als sie den Ruhm verachten und nicht gelten lassen, schwerlich zu mißbilligen; sie scheinen aber Mühen und Belastungen, erst recht eine gewisse Entehrung und Verunglimpfung durch Anfeindungen und Rückschläge zu fürchten. Denn es gibt Leute, die sich in entgegengesetzten Situationen nicht konsequent genug treu bleiben, die zwar die Lust mit strengem Ernst verachten, im Schmerz aber zu weichlich sind, die zwar dem Ruhm gleichgültig gegenüberstehen, der Schande aber nicht gewachsen sind und dabei jedenfalls nicht konsequent genug verfahren. (72) Wer aber über die natürlichen Voraussetzungen für eine entsprechende Betätigung verfügt, muß ohne jedes Zögern nach Ämtern streben und die politische Laufbahn einschlagen; denn anders kann man weder einen Staat regieren noch Seelengröße zeigen. Indessen sollten Politiker nicht weniger als Philosophen, vielleicht sogar noch mehr, sowohl Hochherzigkeit als auch Geringschätzung des Menschenloses, von der ich häufig rede, zeigen, desgleichen Seelenruhe und Gelassenheit, wenn sie denn frei von Angst sein und mit Festigkeit und Würde leben sollen. (73) Das ist für Philosophen leichter, weil sie dem Schicksal in ihrem Leben weniger Angriffsflächen bieten, weil sie weniger brauchen und weil sie, wenn ihnen etwas Widriges zustößt, nicht so tief fallen können. Darum werden nicht ohne Grund Politiker von größerer Erregung und heftigerem Tatendurst ergriffen als Menschen, die in ungestörter Ruhe leben, und müssen mehr Seelengröße und Freiheit von Angst beweisen. Wer aber zur Tat schreitet, soll sich davor hüten, nur darüber nachzudenken, wie anständig seine Handlungsweise ist, sondern soll auch darauf bedacht sein, die Fähigkeit zur Ausführung der Tat zu haben. Gerade dabei muß man darauf achten, daß man nicht entweder aus Verzagtheit grundlos verzweifelt oder sich aus Begierde allzuviel zutraut. In allen Fällen ist aber, bevor man sich ans Werk macht, gründliche Vorbereitung geboten.

XXII (74) Zwar sind die meisten der Auffassung, das Kriegswesen sei wichtiger als die Innenpolitik, doch diese Meinung sollte man einschränken. Denn viele haben schon oft aus Ruhmsucht Gelegenheit zu Kriegen gesucht, und das trifft meistens auf große Geister und Talente zu, um so mehr, wenn sie über militärische Begabung verfügen und kriegslüstern sind. Wenn wir jedoch zutreffend urteilen wollen, so gab es viele Leistungen in der Innenpolitik, die größer und glanzvoller waren als die im Krieg. (75) Denn mag es auch noch so berechtigt sein, Themistokles zu rühmen, mag auch sein Name berühmter als der Solons sein und mag man Salamis als Zeugnis für den glanzvollsten Sieg anführen, der die Entscheidung Solons übertrifft, mit der er erstmals den Areopag einsetzte, das letztere ist doch nicht weniger hoch zu bewerten als das erstere; denn ersteres war einmal nützlich, das letztere wird immer für den Staat von Nutzen sein. Durch diese Entscheidung werden die Gesetze der Athener, durch sie die Einrichtungen der Vorfahren bewahrt. Auch könnte Themistokles nichts nennen, wodurch er dem Areopag geholfen hätte, dagegen könnte jener mit Recht behaupten, daß er Themistokles geholfen habe. Denn der Krieg wurde auf Beschluß der Ratsversammlung geführt, die Solon eingerichtet hatte. (76) Dasselbe kann man von Pausanias und Lysander sagen. Man glaubt zwar, daß durch ihre Taten Spartas Reich vergrößert wurde, aber mit den Gesetzen und der Staatsordnung Lykurgs sind sie nicht im geringsten zu vergleichen. Ja, die Spartaner hatten sogar aus eben diesen Gründen disziplinierte und tapferere Heere. Was mich betrifft, so schien mir jedenfalls weder in meiner Kindheit Marcus Scaurus hinter Gaius Marius noch, als ich mich politisch betätigte, Quintus Catulus hinter Gnaeus Pompeius zurückzustehen. Denn Waffen sind draußen wenig wert, wenn nicht im Innern politische Vernunft herrscht. Auch Africanus, der als Persönlichkeit und Feldherr einzigartig war, nützte dem Staat mit der Zerstörung Numantias nicht mehr als der Privatmann Publius Nasica zur selben Zeit mit der Beseitigung des Tiberius Gracchus. Dieses Ereignis betrifft zwar nicht nur den Bereich der Innenpolitik – weil es Gewaltanwendung erforderte, berührt es auch den militärischen –, doch die Tat selbst geschah nach einer innenpolitischen Entscheidung ohne Heer. (77) Der beste Grundsatz aber ist der, gegen den sich, wie ich höre, die Angriffe der Schurken und Neider zu richten pflegen:

»Weichen sollen die Waffen der Toga, der Lorbeer
dem Lobe!«[29]

Sind denn nicht, um von anderem zu schweigen, als ich den Staat regierte, die Waffen der Toga gewichen? Es gab ja niemals eine schwerere Gefahr im Staate und dabei tieferen Frieden. Durch meine planvolle, umsichtige Politik entfielen so die Waffen rasch von selbst den Händen der verwegenen Bürger. Wann wurde eine solche Tat jemals in einem Krieg vollbracht? Welcher Triumph läßt sich mit ihr vergleichen? (78) Vor dir, mein Sohn Marcus, darf ich mich ja rühmen; denn dich betrifft das Erbe des Ruhmes und die Nachahmung solcher Taten. An mich hat jedenfalls Gnaeus Pompeius, ein Mann im Glanze strahlenden Kriegsruhms, vor vielen Zuhörern die Worte gerichtet, er hätte vergeblich einen dritten Triumph davongetragen, wenn er nicht durch meine Verdienste um den Staat auch eine Basis für den Triumph besessen hätte. Darum sind Proben der Tapferkeit im innenpolitischen Bereich nicht weniger wert als im militärischen. Man sollte auch mehr Mühe und Eifer auf die ersteren als auf die letzteren verwenden.

XXIII (79) Das sittlich Gute, das man in hochgesinnter, edelmütiger Einstellung erstrebt, wird überhaupt durch geistige und nicht durch körperliche Kräfte verwirklicht. Trotzdem muß man den Körper üben und in eine solche Verfassung bringen, daß er bei der Erfüllung von Aufgaben und dem Ertragen von Anstrengung der Entscheidung der Vernunft gehorchen kann. Das sittlich Gute, das wir erstreben, beruht ganz auf gedanklicher und geistiger Bemühung. Dabei sind die, die als Zivilbeamte den Staat lenken, von nicht geringerem Nutzen als die, die Krieg führen. Deshalb sind Kriege oft auf ihren Rat entweder nicht begonnen oder beendet, manchmal auch angefangen worden, wie im Falle Marcus Catos der Dritte Punische Krieg, bei dem sein Ansehen auch noch nach seinem Tod den Ausschlag gab. (80) Deshalb ist zwar Vernunft in der Entscheidung mehr zu erstreben als Tapferkeit im Kampf, doch sollte man sich davor hüten, mehr aus Scheu vor dem Krieg als aus vernünftiger Erwägung des Nutzens so zu handeln. Einen Krieg aber soll man so beginnen, daß kein anderer Zweck als der Friede damit verfolgt zu sein scheint. Ein Zeichen standhafter und tapferer Gesinnung ist es aber, bei Widerwärtigkeiten nicht in Verwirrung zu geraten und, wie man sagt, die Fassung zu verlieren, sondern geistesgegenwärtig und überlegt zu reagieren und nicht vom Pfad vernünftiger Überlegung abzuweichen. (81) Bedarf es für das eine großen Mutes, so kommt es für das andere freilich auch auf große Klugheit an, die Zukunft in Gedanken vorwegzunehmen und schon ziemlich lange vorher festzustellen, was im einen und im anderen Sinne geschehen kann und was zu tun ist, wenn etwas geschehen ist, und es nicht soweit kommen zu lassen, daß man sagen muß: Das hätte ich nicht gedacht. Das sind die Leistungen einer großen und überragenden Persönlichkeit, die auf Klugheit und Überlegung vertrauen kann. Sich aber blindlings in den Kampf zu stürzen und mit dem Feinde handgemein zu werden, ist Ausdruck wilder Roheit und gleicht der Art von Tieren. Doch wenn es eine Zwangslage erfordert, ist die Entscheidung mit der Waffe in der Hand zu suchen und der Tod der Knechtschaft und der Schande vorzuziehen.

XXIV (82) Was aber die Zerstörung und Plünderung von Städten betrifft, so muß man unbedingt darauf bedacht sein, nicht hemmungslos und nicht grausam zu handeln. Da ist es die Aufgabe eines großen Mannes, wenn ein Aufruhr entfesselt worden ist, die Schuldigen zu strafen, die Menge aber zu verschonen und in jedem Fall die Regeln des Rechts und der Moral zu wahren. Wie es nach dem oben Gesagten Leute gibt, die militärische Leistungen den Taten in der Innenpolitik vorziehen, so dürfte man wohl viele finden, denen riskante und raffinierte Pläne glanzvoller und großartiger als überlegte und bedächtige erscheinen. (83) Grundsätzlich darf man es niemals aus Scheu vor der Gefahr dahin kommen lassen, daß man feige und verzagt erscheint, doch auch der Fehler ist zu meiden, daß man sich grundlos der Gefahr aussetzt, das Dümmste, was es geben kann. Man sollte es deshalb, wenn man Gefahren begegnet, wie die Ärzte halten; bei leichten Krankheiten wenden sie schonende Behandlungsformen an, bei schwereren jedoch zwangsläufig gefährliche mit ungewissem Ausgang. So wäre es verrückt, bei ruhiger See einen schweren Sturm herbeizuwünschen, doch weise, einem Sturm mit allen Mitteln zu begegnen, um so mehr, wenn man durch Klärung einer Frage mehr Gutes erreicht als Schlechtes dadurch, daß man zweifelt. Die Ausführung von Taten ist aber teils für die gefährlich, die sie unternehmen, teils für den Staat. Ebenso werden manche vor eine Entscheidung über Leib und Leben, andere vor eine über Ruhm und Wohlwollen der Bürger gestellt. Wir müssen uns deshalb eher zu persönlichen Risiken als zu Gefahren für die Gemeinschaft entschließen und bereitwilliger um Ruhm und Ehre als um die übrigen Interessen kämpfen. (84) Es fanden sich aber viele, die bereit waren, nicht nur ihr Geld, sondern auch ihr Leben für das Vaterland zu opfern, dabei jedoch nicht den geringsten Verlust an Ehre erleiden wollten, nicht einmal, wenn der Staat es forderte. Ein Beispiel bietet Kallikratidas, der als Feldherr der Spartaner im Peloponnesischen Krieg viele hervorragende Leistungen vollbracht hatte; er ruinierte aber schließlich alles, als er sich dem Rat derer verschloß, die meinten, man müsse die Flotte von den Arginusen abziehen und dürfe nicht mit den Athenern kämpfen; ihnen gab er zur Antwort, die Spartaner könnten sich nach dem Verlust der Flotte eine andere beschaffen, er könne aber nicht fliehen, ohne seine Ehre unwiederbringlich zu verlieren. Dieser Verlust für die Spartaner war immerhin erträglich, doch jener brachte ihnen den Untergang, indem die Macht Spartas zusammenbrach, als Kleombrotos aus Furcht, Mißfallen zu erregen, sich blindlings in den Kampf mit Epameinondas stürzte. Um wieviel besser war da die Handlungsweise des Quintus Maximus, über den Ennius schrieb:

»Einer hat uns durch Zögern das Schicksal zum Guten gewendet.
Achtete er doch leeres Gerede geringer als Rettung.
Darum kann jetzt und später sein Ruhm um so heller erstrahlen.«[30]

Eine Verfehlung dieser Art muß man auch in der Innenpolitik zu meiden suchen. Denn es gibt Leute, die ihre Meinung auch dann, wenn sie die beste ist, aus Furcht, Mißfallen zu erregen, nicht zu äußern wagen.

XXV (85) Die, denen es bestimmt ist, einen Staat zu lenken, sollen in jedem Falle zwei Grundsätze Platons beherzigen: Zum einen sollen sie den Nutzen der Bürger so im Auge haben, daß sie sich bei allem, was sie tun, nur nach ihm richten und nicht an ihre eigenen Interessen denken. Zum andern soll ihre Fürsorge dem ganzen Organismus des Staates gelten, damit sie nicht, indem sie einen Teil in ihre Obhut nehmen, die übrigen im Stich lassen.[31] Denn wie bei einer Vormundschaft, so muß man sich auch bei der Lenkung eines Staates nach dem Interesse der Schutzbefohlenen richten, nicht nach dem Nutzen derer, denen sie anvertraut sind. Wer aber für einen Teil der Bürger Sorge trägt und einen anderen vernachlässigt, führt etwas überaus Verhängnisvolles in den Staat ein, nämlich Zwietracht und Uneinigkeit. So kommt es, daß die einen die Interessen der Volkspartei, andere die der Optimaten, doch nur wenige die der Gesamtheit zu vertreten scheinen.[32] (86) Das führte bei den Athenern zu schweren Zwistigkeiten, in unserem Staat nicht nur zu Zerwürfnissen, sondern sogar zu unheilvollen Bürgerkriegen. Das wird ein Bürger, der besonnen und tapfer ist und der im Staate eine führende Stellung verdient, vermeiden und verabscheuen; er wird sich ganz dem Staate widmen, ohne nach Einfluß oder Macht zu trachten, und ihn als Ganzes so im Auge haben, daß er für alle Sorge trägt. Er wird aber auch nicht durch falsche Anschuldigungen Haß oder Neid auf jemand lenken und wird in allem so an Gerechtigkeit und Anstand festhalten, daß er, um sie zu wahren, lieber einen noch so schweren Schaden und gar den Tod erleidet, als daß er den genannten Grundsätzen untreu wird. (87) Am allerschlimmsten ist der ehrgeizige Wettstreit um Ehrenämter; von ihm heißt es nochmals bei Platon treffend: »Diejenigen, die miteinander wetteifern, wer eher den Staat regieren soll, verhalten sich ähnlich, wie wenn Matrosen streiten, wer von ihnen am ehesten das Steuerruder führen soll.«[33] Derselbe Platon fordert, daß wir die als Gegner betrachten sollen, die ihre Waffen gegen uns erheben, nicht die, die nur den Staat nach ihrem Gutdünken schützen wollen.[34] Von solcher Art war die Meinungsverschiedenheit, die Publius Africanus und Quintus Metellus ohne Erbitterung miteinander austrugen.

(88) Man sollte aber auch nicht auf die hören, die meinen, man müsse Feinden ernstlich zürnen, und die das für die Pflicht eines beherzten, tapferen Mannes halten. Denn nichts ist rühmenswerter, nichts eines großen und berühmten Mannes würdiger als Milde und Versöhnlichkeit. Bei freien Völkern aber und dort, wo Rechtsgleichheit herrscht, gilt es auch Umgänglichkeit und das, was man Beherrschtheit nennt, zu zeigen, damit wir nicht in eine nutzlose, unerfreuliche Gereiztheit verfallen, wenn ungelegene Besucher oder unerwünschte Bittsteller unseren Unwillen erregen. Dabei ist Milde und Sanftmut zwar zu billigen, doch um des Staates willen soll man Strenge zeigen, ohne die eine Staatsverwaltung nicht möglich ist. Doch jede Strafe und Zurechtweisung muß frei von demütigender Kränkung sein und darf sich nicht am Interesse dessen, der jemanden straft oder mit Worten zurechtweist, sondern an dem des Staats orientieren. (89) Man hat sich aber auch davor zu hüten, daß die Strafe schwerer als die Schuld ist und daß man für dieselbe Sache die einen büßen läßt und andere nicht einmal zur Rede stellt. Doch unbedingt ist Zorn vom Strafen fernzuhalten. Denn einer, der im Zorn zur Strafe schreitet, wird

niemals jenes Mittelmaß einhalten, das zwischen Übermaß und Mangel liegt. Die rechte Mitte findet ja den Beifall der Peripatetiker und findet ihn zu Recht, wenn sie nur nicht den Jähzorn gepriesen und als nützliche Gabe der Natur bezeichnet hätten.[35] Er ist doch unter allen Umständen zurückzuweisen, und man muß wünschen, daß diejenigen, die an der Spitze eines Staates stehen, den Gesetzen ähnlich sind, die nicht der Jähzorn, sondern Recht und Billigkeit dazu veranlaßt, eine Strafe zu verhängen.

XXVI (90) Wir wollen indessen auch bei einer günstigen, unserem Wunsch entsprechenden Entwicklung Stolz, Überheblichkeit und Anmaßung strikt zu vermeiden suchen. Denn wie im Unglück, so ist auch im Glück Maßlosigkeit ein Zeichen von Wankelmut, und es macht einen ausgezeichneten Eindruck, in jeder Lebenslage Ausgeglichenheit und stets dieselbe Miene und den gleichen Gesichtsausdruck zu zeigen, wie wir es von Sokrates und ebenso von Gaius Laelius kennen. Der Makedonenkönig Philipp ist zwar an Tatenruhm von seinem Sohn[36] übertroffen worden, an Freundlichkeit und Lebensart war er ihm aber offensichtlich überlegen. Deshalb bewies der eine immer Größe, der andere oft niedrige Gesinnung, so daß der Grundsatz richtig scheint, um so bescheidener aufzutreten, je höher man steht. Panaitios jedenfalls berichtet, sein Hörer und Freund Africanus habe gewöhnlich gesagt: »Wie man Pferde, die wegen häufiger Einsätze im Kampf besonders wild sind, Rossebändigern zu übergeben pflegt, damit sie leichter zu gebrauchen sind, so muß man Menschen, die im Glück das Maß verlieren und sich selbst überschätzen, gleichsam am Zügel vernünftiger Unterweisung führen, damit sie zur Erkenntnis der Hinfälligkeit des Menschen und der Unbeständigkeit des Schicksals kommen.« (91) Man muß sich auch im höchsten Glück besonders an den Rat der Freunde halten und ihnen noch mehr Bedeutung als zuvor beimessen. Zugleich ist auch Vorsicht geboten, daß wir unser Ohr nicht Leuten öffnen, die uns nach dem Munde reden, und nicht zulassen, daß sie uns schmeicheln; denn dabei läßt man sich leicht umgarnen. Wir glauben nämlich so zu sein, daß wir mit Recht gepriesen werden. Daraus ergeben sich unzählige Fehltritte, wenn Menschen, die durch ihre Einbildung aufgebläht sind, mit Schimpf und Schande verspottet werden und auf die schlimmsten Abwege geraten. Doch damit genug davon. (92) Was aber diesen Punkt betrifft, so muß man entschieden der Auffassung sein, daß die bedeutendsten und mutigsten Taten von denen vollbracht werden, die Staaten regieren, weil deren Lenkung sich auf ein besonders weites Feld erstreckt und für sehr viele Menschen wichtig ist. Doch gibt und gab es auch in einem von Staatsgeschäften freien Leben viele hochgesinnte Menschen, die Großes erforschten oder zu vollbringen suchten und sich dabei im Rahmen ihrer Möglichkeiten hielten oder, zwischen den Philosophen und Staatslenkern stehend, ihren Besitz genossen, wobei sie ihn freilich nicht mit allen Mitteln zu vermehren und die Ihren von seiner Nutzung auszuschließen suchten, sondern den Freunden und dem Staat davon mitteilten, wenn es einmal notwendig war. Dieser Besitz soll erstens anständig und nicht mit unmoralischem, anstößigem Verdienst erworben sein, er soll des weiteren für möglichst viele nützlich sein, sofern sie es verdienen, sodann soll der Besitzer ihn mit Vernunft, Umsicht und Sparsamkeit vermehren und nicht ausschweifender Begierde mehr als freundlicher Freigebigkeit gehorchen. Wer diese Vorschriften beachtet, kann ein prachtvolles, würdiges und stolzes Leben führen und eines, das dabei auch einfach, verläßlich und wahrhaft menschenfreundlich ist.

XXVII (93) Im folgenden muß noch von dem Bereich des sittlich Guten gesprochen werden, der als einziger übrigbleibt. Mit ihm ist die Zurückhaltung und gleichsam eine gewisse Verfeinerung des Lebens gemeint, die Selbstbeherrschung, Mäßigung, jede Besänftigung inneren Aufruhrs und der maßvolle Umgang mit den Dingen. Dieser

Bereich beruht auf dem, was man in unserer Sprache als das Geziemende bezeichnen kann. Auf griechisch heißt es nämlich ›prépon‹. (94) Sein Wesen ist so, daß es sich nicht vom sittlich Guten trennen läßt; denn was sich ziemt, ist sittlich gut, und das, was sittlich gut ist, ziemt sich. Doch wie der Unterschied zwischen dem sittlich Guten und dem Geziemenden beschaffen ist, ist leichter zu verstehen als zu erklären. Denn was auch immer das ist, was sich ziemt, es kommt erst dann zum Vorschein, wenn das sittlich Gute schon vorhergegangen ist. Deshalb zeigt sich nicht nur in diesem Teil des sittlich Guten, von dem an dieser Stelle zu reden ist, sondern auch in den drei vorhergehenden, was geziemend ist. Denn vernünftig zu denken, klug zu reden, was man tut, mit Überlegung zu tun und bei allem seinen Blick und sein Augenmerk darauf zu richten, was der Wahrheit entspricht, das ziemt sich; doch sich zu täuschen, sich zu irren, auf Abwege zu geraten und hinters Licht geführt zu werden, das ziemt sich ebensowenig wie wahnsinnig und verrückt zu sein. So ist auch alles Gerechte geziemend, das Ungerechte dagegen so unziemlich wie verwerflich. Ähnlich verhält es sich auch mit der Tapferkeit. Was man in männlicher und hochgemuter Haltung tut, scheint nämlich eines Mannes würdig und geziemend, das Gegenteil jedoch wirkt so unziemlich wie verwerflich. (95) Deshalb hat das Geziemende, von dem ich rede, jedenfalls mit der gesamten Sittlichkeit etwas zu tun, und zwar so, daß der Zusammenhang nicht dunkel bleibt, sondern vor Augen liegt. Denn da ist etwas ganz Bestimmtes – und es ist bei jeder Tugend zu erkennen –, was sich ziemt. Es läßt sich in Gedanken eher von der Tugend trennen als in Wirklichkeit. Wie körperliche Anmut und Schönheit nicht von der Gesundheit zu trennen ist, so ist dieses Geziemende, von dem wir reden, zwar völlig mit der Tugend verbunden, aber im Geist und im Gedanken läßt es sich von ihr unterscheiden. (96) Seine Beschreibung ist aber eine zweifache; denn wir erkennen einerseits ein Geziemendes im allgemeinen Sinne, das bei jedem sittlich Guten vorkommt, und andererseits eines, das diesem untergeordnet ist und das die einzelnen Bereiche des sittlich Guten betrifft. Das erstere, übergeordnete wird in der Regel so definiert: Geziemend sei das, was dem Vorzug des Menschen in dem Punkt entspreche, in dem sich seine Natur von den übrigen Lebewesen unterscheide. In seiner speziellen Form, die dieser allgemeinen untergeordnet ist, bestimmt man es so, daß dasjenige geziemend sein soll, was der Natur des Menschen so entspricht, daß in ihm Mäßigung und Selbstbeherrschung in edler Form zum Vorschein kommt. XXVIII (97) Daß man das so versteht, kann man nach dem Bild des Geziemenden ermessen, das die Dichter vor Augen haben; doch davon ist gewöhnlich in anderem Zusammenhang ausführlicher die Rede. Doch sagen wir, daß Dichter dann an dem, was geziemend ist, festhalten, wenn sie jemanden das tun und sagen lassen, was jeweils seiner Rolle entspricht. Würde z. B. Aiakos oder Minos sagen: »Mögen sie mich hassen, wenn sie mich denn nur fürchten!« oder etwa: »Der Vater wird für seine Kinder selbst zum Grab«, so schiene das unziemlich, weil wir wissen, daß diese Männer gerecht gewesen sind. Im Mund des Atreus aber finden diese Worte Beifall, denn sie entsprechen seiner Rolle.[37] Doch Dichter werden sich jeweils nach dem Charakter der Rolle ihr Urteil darüber bilden, was sich für den Betreffenden geziemt. Uns aber hat die Natur selbst eine Rolle gegeben, mit der wir die übrigen Lebewesen bei weitem überragen. (98) Die Dichter werden deshalb bei einer großen Vielfalt von Charakteren auch darauf achten, was für die Lasterhaften passend und geziemend ist. Uns aber hat die Natur die Rolle der Standhaftigkeit, der Mäßigung, der Selbstbeherrschung und der Zurückhaltung verliehen, und sie lehrt uns, die Frage, wie wir uns gegenüber unseren Mitmenschen verhalten, nicht gering zu achten. So kommt es, daß sowohl jenes Geziemende, das die gesamte Sittlichkeit betrifft, in seiner Ausdehnung deutlich wird, als auch dasjenige, das jeweils in einem einzigen Bereich der Tugend in Erscheinung tritt. Wie körperliche Schönheit nämlich durch das harmonische Verhältnis der Glieder das Auge anspricht und dadurch erfreut, daß alle Teile in feiner Anmut miteinander harmonieren, so findet auch das Geziemende, das bei der Lebensführung ins Auge fällt, den Beifall derer, mit denen man zusammenlebt, durch Regelmäßigkeit, Beständigkeit und rechtes Maß bei allem, was man sagt und tut. (99) Deshalb muß man den Menschen auch eine gewisse Achtung erweisen, und zwar sowohl gerade bei den Vornehmsten als auch bei den übrigen. Denn nicht danach zu fragen, was die Leute jeweils über einen denken, ist nicht nur ein Zeichen von Anmaßung, sondern auch von völliger Hemmungslosigkeit. Doch gibt es bei der Rücksichtnahme auf die Menschen einen Unterschied zwischen Gerechtigkeit und Zurückhaltung. Denn es ist Sache der Gerechtigkeit, die Menschen nicht zu verletzen, Sache der Zurückhaltung, bei ihnen keinen Anstoß zu erregen. Dabei erkennt man ganz besonders deutlich das Wesen des Geziemenden. Nach diesen Ausführungen ist wohl klar geworden, was es für eine Bewandtnis mit dem hat, was wir geziemend nennen.

(100) Die Pflicht jedoch, die sich aus diesem Ursprung herleitet, weist zuerst in die Richtung, die zur Übereinstimmung mit der Natur und ihrer Bewahrung führt. Wenn wir dieser Weisung folgen, werden wir nie auf Abwege geraten und werden uns nach dem richten, was von Natur aus die richtige und klare Erkenntnis bietet, was der Gemeinschaft der Menschen angemessen ist und was sich als energisch und tapfer erweist. Aber das eigentliche Wesen des Geziemenden liegt doch in dem Bereich, von dem wir reden. Denn Beifall verdienen nicht nur die naturgemäßen körperlichen, sondern noch viel mehr die naturgemäßen geistigen Regungen. (101) Die Wesensart und die Natur des Geistes ist ja eine doppelte. Ein Teil besteht in dem Verlangen, das auf griechisch ›hormé‹ heißt und den Menschen bald hierhin, bald dorthin zieht;

der andere besteht in der Vernunft, die lehrt und deutlich macht, was man zu tun oder zu meiden hat. XXIX So kommt es, daß die Vernunft befiehlt und das Verlangen gehorcht. Man muß sich aber bei jeder Handlung freihalten von Unbesonnenheit und von Nachlässigkeit und darf nichts tun, wofür man keinen einleuchtenden Grund angeben kann; das ist ja im wesentlichen die Beschreibung des pflichtgemäßen Handelns. (102) Es kommt indessen darauf an, daß die Gefühle des Verlangens der Vernunft gehorchen und ihr weder vorauseilen noch aus Trägheit und Schlaffheit hinter ihr zurückbleiben, daß sie in ruhigen Bahnen und frei von jedem inneren Aufruhr bleiben. So wird die Festigkeit und Mäßigung in ihrem ganzen Glanz hervortreten. Denn wenn die Triebe weiter um sich greifen und sich gleichsam im Überschwang, sei es des Wünschens, sei es des Vermeidens, von der Vernunft nicht mehr ausreichend beherrschen lassen, dann überschreiten sie zweifelsohne Maß und Grenze. Denn dann verlassen und verwerfen sie den Gehorsam und folgen der Vernunft nicht mehr, der sie nach dem Gesetz der Natur doch unterworfen sind. Sie stürzen nicht nur den Geist, sondern auch den Körper in Verwirrung. Man braucht nur die Gesichter derer anzuschauen, die zornig, von irgendeiner Leidenschaft erregt oder von Angst erfüllt sind oder in einer übermäßigen Lust schwelgen. Bei ihnen allen ändern sich die Miene, die Stimme, die Bewegung und die Haltung. (103) Daran kann man erkennen, um zur Form des pflichtgemäßen Handelns zurückzukehren, daß alle Triebe zu mäßigen und einzuschränken sind und daß Aufmerksamkeit und Sorgfalt aufzubieten ist, daß wir nicht blindlings und aufs Geratewohl, nicht unbedacht und nachlässig zu Werke gehen. Denn die Natur hat uns nicht so hervorgebracht, daß wir zu Spiel und Scherz geschaffen scheinen, vielmehr zu ernsten Dingen und zu Bestrebungen, die wichtiger und anspruchsvoller sind. An Spiel und Scherz jedoch darf man sich zwar erfreuen, aber so wie an Schlaf und an den übrigen Arten der Ruhe erst dann, wenn man den wichtigen und ernsten Pflichten genügt hat. Was die Art des Scherzens selbst betrifft, so sollte sie nicht ausgelassen und maßlos, sondern anständig und geistvoll sein. Denn wie wir Kindern nicht jede Art von Spielen erlauben, sondern nur eine, die anständigen Beschäftigungen nicht widerspricht, so soll gerade beim Scherz ein leuchtendes Beispiel anständigen Charakters sichtbar werden. (104) Es gibt überhaupt zwei Arten zu scherzen; die eine ist pöbelhaft, frech, schändlich und abstoßend, die andere geschmackvoll, fein, geistreich und witzig. Voll von der letzteren sind nicht nur unser Plautus und die alte attische Komödie[38], sondern auch die Bücher der sokratischen Philosophen[39], und von vielen Männern gibt es zahlreiche witzige Aussprüche wie die Sammlung derer aus dem Munde des alten Cato, die man als Apophtegmata bezeichnet.[40] Die Unterscheidung zwischen dem feinen und dem vulgären Scherz ist also leicht zu treffen. Der eine ist, wenn er im rechten Augenblick gemacht wird, etwa in heiterer Gelassenheit, auch einem höchst gestrengen Manne angemessen, der andere nicht einmal einem freien, wenn er mit einer schimpflichen Sache oder einem abstoßenden Ausdruck zu tun hat. Man muß bei spielerischer Betätigung auch ein gewisses Maß einhalten, um sich nicht völlig gehen zu lassen und im Rausch der Lust auf irgend etwas Schimpfliches zu verfallen. Doch als Beispiele für anständigen Zeitvertreib gibt es ja unser Marsfeld und die Jagd.

XXX (105) Zu jeder Untersuchung pflichtgemäßen Handelns gehört es aber, sich immer vor Augen zu halten, wie weit der Mensch in seinem Wesen dem Vieh und den übrigen Tieren überlegen ist. Sie fühlen nichts als Lust und drängen mit jeder Regung nur zu ihr, der Geist des Menschen aber findet Nahrung im Lernen und im Denken, stets forscht er oder geht er irgendeiner Sache nach, er läßt sich von der Freude am Sehen und am Hören leiten. Ja selbst wenn jemand etwas mehr dem Genuß zuneigt, vorausgesetzt, er zählt der Art nach nicht zum Vieh – denn manche Leute sind ja nicht wirklich Menschen, sondern nur dem Namen nach –, doch wenn er etwas höher steht, dann mag die Lust ihn noch so sehr verlocken, er wird das Streben nach ihr doch aus Scheu verbergen und verheimlichen. (106) Daran erkennt man, daß die körperliche Lust der Würde des Menschen nicht entspricht und daß sie zu verachten und zurückzuweisen ist. Wenn aber jemand der Lust eine gewisse Bedeutung zuerkennt, dann sollte er in ihrem Genuß sorgsam Maß halten. So soll sich die Ernährung und die Pflege des Körpers nach der Gesundheit und den Kräften richten, nicht nach der Lust. Auch wenn wir daran denken wollen, worin der Vorrang und die Würde unseres Wesens liegt, erkennen wir, wie schimpflich es ist, sich der Ausschweifung hinzugeben und ein Leben der Üppigkeit und der Verweichlichung zu führen, wie hoch dagegen der sittliche Wert eines mäßigen, beherrschten, strengen und nüchternen Lebens ist.

(107) Es gilt auch zu erkennen, daß die Natur uns gleichsam zwei Rollen zugewiesen hat. Die eine ist allen Menschen gemeinsam und beruht darauf, daß wir alle an der Vernunft und an dem Vorrang Anteil haben, durch den wir den Tieren überlegen sind; von ihr hängt alles sittlich Gute und Geziemende ab, und auf sie gründet sich die Untersuchung des pflichtgemäßen Handelns. Die andere Rolle aber ist die, die jedem einzelnen persönlich zugewiesen ist. Denn wie es im Körperlichen große Unterschiede gibt – die einen taugen, wie man sieht, durch Schnelligkeit zum Laufen, die anderen durch Kraft zum Ringen, desgleichen findet sich bei der Gestalt der einen Würde, bei der der anderen Schönheit –, so treten im Geistigen noch größere Verschiedenheiten auf. (108) Lucius Crassus und Lucius Philippus hatten viel Humor, Gaius Caesar, der Sohn des Lucius, hatte noch mehr und setzte ihn noch bewußter ein; aber zur selben Zeit zeigten Marcus Scaurus und der junge Marcus Drusus besondere Strenge, Gaius Laelius große Heiterkeit, sein Freund Scipio mehr Ehrgeiz und eine ernstere Lebensweise. Unter den Grie-

chen war, wie wir wissen, Sokrates gewinnend und geistvoll, zeigte Witz im Ausdruck und wußte sich bei allem, was er sagte, zu verstellen, was die Griechen als Ironie bezeichneten; Pythagoras und Perikles dagegen erreichten höchstes Ansehen ohne irgendwelche Heiterkeit. Unter den Puniern kennt man Hannibal, bei unseren Heerführern Quintus Maximus als Meister in der Kunst der Tarnung, des Schweigens, Verheimlichens, Auflauerns und des Vereitelns gegnerischer Pläne. In dieser Hinsicht geben die Griechen Themistokles und Jason von Pherai den Vorzug vor den anderen. Besonders listig und raffiniert ist das Verhalten Solons, der sich wahnsinnig gebärdete, damit sein Leben um so sicherer und der Nutzen für den Staat um so größer sei. (109) Von diesen Männern unterscheiden sich andere erheblich; einfach und offen glauben sie, man dürfe nichts im Verborgenen und nichts mit Hinterlist betreiben, sind Freunde der Wahrhaftigkeit und Feinde des Betrugs; desgleichen gibt es andere, die alles auf sich nehmen und jedem zu Diensten sind, wenn sie nur an das Ziel ihrer Wünsche kommen, wie wir es bei Sulla und Marcus Crassus sahen. In dieser Hinsicht war, wie wir wissen, der Spartaner Lysander besonders listig und ausdauernd, sein Gegenteil jedoch war Kallikratidas, der nach Lysander als nächster die Flotte befehligte. Gerade die Schlauen erreichen es auch bei Gesprächen, selbst wenn sie noch so überlegen sind, wie einer aus der großen Masse zu erscheinen; das haben wir bei Catulus, dem Vater und dem Sohn, und ebenso bei Quintus Mucius Mancia erlebt. Ich hörte von Älteren, bei Publius Scipio Nasica sei es genauso gewesen, dagegen habe sein Vater, der gegen das unheilvolle Treiben des Tiberius Gracchus einschritt, keine Leutseligkeit in seiner Ausdrucksweise gezeigt [nicht einmal Xenokrates, der strenge Philosoph][41] und sei gerade deshalb groß und berühmt gewesen. Es gibt noch unzählige andere Verschiedenheiten der Anlage und des Charakters bei Menschen, die dennoch keineswegs zu tadeln sind.

XXXI (110) Es sollte aber unbedingt ein jeder seine eigene – nicht fehlerhafte, aber doch persönliche – Besonderheit bewahren, um desto leichter an dem Geziemenden, nach dem wir suchen, festzuhalten. Wir haben nämlich so zu handeln, daß wir nichts gegen die allgemeine Naturanlage zu erreichen suchen, jedoch, indem wir sie bewahren, unserer eigenen Anlage folgen; so messen wir, wenn andere Ziele auch wichtiger und besser sind, doch unsere Bestrebungen am Maßstab unserer eigenen Natur. Denn es ist nicht zweckmäßig, der Natur zu widerstreiten und ein Ziel zu verfolgen, das man nicht erreichen kann. Daraus geht die Beschaffenheit jenes Geziemenden noch deutlicher hervor, weil sich nichts, wie man sagt »gegen Minervas Willen«[42] ziemt, das heißt gegen das Widerstreben und Widerstreiten der Natur. (111) Wenn überhaupt etwas geziemend ist, dann ist es in der Tat nichts mehr als die Gleichmäßigkeit der ganzen Lebensführung, sodann der einzelnen Handlungen, die nicht zu bewahren ist, wenn man die Wesensart anderer nachahmt und die eigene aufgibt. Wie wir nämlich die Sprache sprechen müssen, die uns angeboren ist, damit wir nicht mit vollem Recht verspottet werden, wenn wir wie gewisse Leute griechische Ausdrücke einschieben[43], so dürfen wir keinen Widerspruch in unsere Handlungen und unsere ganze Lebensführung bringen. (112) Und diese Verschiedenheit der Charaktere hat eine solche Bedeutung, daß zuweilen der eine zum Selbstmord verpflichtet ist, der andere in derselben Lage nicht. War etwa Marcus Cato in einer anderen Lage als die übrigen, die sich in Africa Caesar ergaben? Aber den anderen hätte man es vielleicht zum Vorwurf gemacht, wenn sie sich das Leben genommen hätten, weil ihre Lebensführung lässiger und ihr Charakter umgänglicher war. Da Cato von der Natur die Gabe unglaublich strenger Würde erhalten und sie durch stetige Beharrlichkeit gefestigt hatte, da er stets seinem Vorsatz und der getroffenen Entscheidung treu geblieben war, mußte er den Tod dem Anblick des Tyrannen vorziehen.

(113) Wie vieles erduldete Odysseus auf jener langen Irrfahrt, als er auch Frauen dienstbar war, wenn Kirke und Kalypso als Frauen zu bezeichnen sind, und sich in jedem Gespräch umgänglich und leutselig gegenüber allen zeigen wollte. Zu Hause ertrug er gar die Schmähungen der Knechte und der Mägde, um einmal ans Ziel seiner Wünsche zu gelangen. Dagegen hätte Aias bei der Gesinnung, die von ihm überliefert wird, tausendmal lieber sterben als jene Dinge erdulden wollen. Wer das betrachtet, wird abwägen müssen, was er für einen persönlichen Charakter hat; mit ihm muß er ins reine kommen und darf nicht ausprobieren wollen, wie ihm ein fremder stünde; denn jedem steht das am besten, was seiner Eigenart am ehesten entspricht. (114) Darum soll jeder seine Eigenart erkennen und sich als strenger Richter seiner guten und schlechten Seiten erweisen, damit nicht die Schauspieler über mehr Klugheit als wir zu verfügen scheinen. Die suchen sich ja nicht die besten Stücke aus, sondern die, die am besten zu ihnen passen. Die sich auf ihre Stimme verlassen, wählen die »Epigonen« oder den »Meder«, die ihrer Gebärdensprache vertrauen, entscheiden sich für die »Melanippe« oder die »Clytemnestra«; Rupilius, an den ich mich erinnern kann, spielte immer die »Antiopa«, Aesopus nicht oft den »Aias«.[44] Soll also ein Schauspieler auf der Bühne so etwas erkennen, ein weiser Mann im Leben nicht? So werden wir uns bei den Aufgaben am meisten anstrengen, für die wir am besten geeignet sind. Wenn uns jedoch einmal eine Zwangslage zu Dingen nötigt, die unserem Charakter nicht entsprechen, so müssen wir alle Sorgfalt, Überlegung und Umsicht aufbieten, damit wir diese Dinge, wenn schon nicht rühmlich, so doch möglichst wenig unrühmlich zustande bringen. Wir sollen dabei nicht so sehr bemüht sein, Erfolge zu erzielen, die uns versagt sind, als Fehler zu vermeiden.

XXXII (115) Zu den Rollen, die ich oben nannte, kommt noch eine dritte, die uns der Zufall oder eine

Gelegenheit zuweist, und gar noch eine vierte, die wir uns selbst nach unserem eigenen Urteil vornehmen. Denn Dinge wie Herrschaft, Befehlsgewalt, Adel, Ehre, Reichtum und deren Gegenteil sind vom Zufall abhängig und werden durch die Situation bestimmt. Doch welche Rolle wir selbst spielen wollen, hängt von unserem Willen ab. So widmen sich die einen der Philosophie, andere dem Bürgerlichen Recht, wieder andere der Redekunst, und was die Tugend selbst angeht, so will der eine sich in dieser, der andere in jener auszeichnen. (116) Die aber, deren Väter oder Vorfahren sich durch irgendeinen Ruhm auszeichneten, bemühen sich zumeist darum, auf demselben Gebiet berühmt zu sein, wie Quintus Mucius, der Sohn des Publius, im Bürgerlichen Recht und Africanus, der Sohn des Paulus, auf militärischem Gebiet. Doch manche fügen zu den Ruhmestiteln, die sie von ihren Vätern erbten, noch einen eigenen hinzu; so krönte etwa dieser selbe Africanus den Kriegsruhm noch durch seine Redekunst. Dasselbe tat Timotheos, der Sohn Konons, der seinem Vater an Kriegsruhm nicht nachstand, aber zu diesem Ruhmestitel noch den einer genialen Gelehrsamkeit hinzufügte. Doch manchmal kommt es vor, daß Menschen auf die Nachahmung ihrer Vorfahren verzichten und eine ganz eigene Richtung einschlagen; am meisten Mühe geben sich dabei in der Regel diejenigen, die von unbekannten Vorfahren abstammen und sich hohe Ziele setzen.

(117) Das alles müssen wir im Geist und im Gedanken umfassen, wenn wir fragen, was sich ziemt. Vor allem aber müssen wir festlegen, wer und was für Menschen wir sein wollen und für welche Art des Lebens wir uns entscheiden; diese Abwägung ist die allerschwierigste. Denn zu Beginn der Jugend, wenn die Entschlußkraft noch am schwächsten ist, entscheidet jeder sich für die Art der Lebensführung, für die er sich am meisten erwärmen konnte. Deshalb gerät er auf eine bestimmte Lebensbahn, bevor er sich ein Urteil bilden konnte, welche die beste

wäre. (118) Denn Prodikos berichtet von Herakles – so steht es jedenfalls bei Xenophon –[45], für ihn sei, als er mannbar wurde, die von der Natur bestimmte Zeit gekommen zu wählen, welchen Weg des Lebens er beschreiten wolle; da sei er in die Einsamkeit gegangen, sei dort gesessen und habe sich, als er zwei Wege sah, zum einen den der Lust, zum anderen den der Tugend, lange und gründlich überlegt, welcher der beiden Wege besser zu beschreiten sei. Diese Entscheidung konnte einem Herakles, dem Sproß des Jupiter, vielleicht gelingen, uns aber nicht in gleicher Weise. Wir ahmen ja die nach, für die wir uns jeweils entschieden haben, und fühlen uns zu ihren Neigungen und Entschlüssen hingezogen. Doch meistens lassen wir uns, beeinflußt von den Lehren unserer Eltern, zu ihrer Sitte und Gewohnheit führen. Andere lassen sich vom Urteil der Menge bestimmen und wünschen sich vor allem das, was der Mehrheit am schönsten scheint. Doch manche schlagen ohne elterliche Unterweisung, sei es dank einem guten Stern, sei es dank einer guten Naturanlage, die rechte Richtung ein.

XXXIII (119) Eine besonders seltene Gattung aber bilden diejenigen, die entweder über eine außerordentliche Begabung oder eine glänzende Bildung und Gelehrsamkeit oder über beides verfügten und auch Zeit hatten abzuwägen, welche Richtung im Leben sie am ehesten einschlagen wollten. Bei dieser Abwägung sollte man die Entscheidung jeweils von seiner Veranlagung abhängig machen. Wir gehen ja in allem, was wir tun, bei unserer Frage nach dem, was sich ziemt, wie oben ausgeführt, jeweils von unserer angeborenen Wesensart aus; so müssen wir erst recht bei der Entscheidung über unser ganzes Leben noch viel größere Sorgfalt walten lassen, daß wir uns während der gesamten Dauer unseres Lebens selbst treu bleiben und es nicht an der Erfüllung irgendeiner Pflicht fehlen lassen. (120) Da aber in dieser Hinsicht unsere Natur den größten Einfluß hat und danach ihr das Schicksal am nächsten kommt, muß man bei der Entscheidung über seinen Lebensweg grundsätzlich auf beide Rücksicht nehmen, in höherem Maße aber auf die Natur. Denn sie ist so viel stärker und beständiger, daß manchmal das Schicksal wie eine sterbliche Macht mit der unsterblichen Natur zu kämpfen scheint. Wer also seine ganze Lebensplanung grundsätzlich nach seiner unverdorbenen Natur ausrichtet, soll daran konsequent festhalten – darin besteht ja das Geziemende in erster Linie –, wenn er nicht etwa zur Einsicht kommt, daß er sich bei der Auswahl seiner Lebensweise geirrt hat. Wenn dieser Fall eintritt – eintreten aber kann er –, ist eine Änderung der Sitten und Gepflogenheiten erforderlich. Falls die Umstände diese Änderung begünstigen, wird sie bequemer und leichter vorzunehmen sein; wo nicht, muß man sie ganz allmählich und Schritt für Schritt durchführen, wie es sich bei Freundschaften, die nicht mehr so erfreulich und angemessen scheinen, nach dem Urteil der Weisen eher geziemt, sie unauffällig zu beenden als sie plötzlich abzubrechen. (121) Doch wenn man seine Lebensweise geändert hat, muß man mit allen Mitteln dafür sorgen, daß man das in guter Absicht getan zu haben scheint. Weil aber eben davon die Rede war, man müsse seine Vorfahren nachahmen, soll davon eine erste Ausnahme gelten, daß Fehler nicht nachzuahmen sind, und eine zweite, wenn die Natur es nicht gestattet. Zum Beispiel konnte der Sohn des älteren Africanus, der den Sohn des Aemilius Paulus adoptierte, wegen seiner schwachen Gesundheit dem Vater nicht so ähnlich sein, wie der dem eigenen Vater ähnlich gewesen war. Wenn der Betreffende also nicht fähig ist, Prozesse zu führen, das Volk mit Reden in seinen Bann zu schlagen oder Kriege zu führen, muß er doch jene Eigenschaften zeigen, die in seiner Macht stehen, Gerechtigkeit und Zuverlässigkeit, Freigebigkeit, Bescheidenheit und Selbstbeherrschung, damit man um so weniger das, was ihm fehlt, bei ihm vermißt. Das Beste aber, was Väter ihren Kindern hinterlassen können, und ein wertvollerer Nachlaß als jede Erbschaft ist der Ruhm männlicher Bewährung und großer Taten; sich seiner unwürdig zu erweisen, müßte als Frevel und als Laster gelten.

XXXIV (122) Weil man verschiedenen Altersstufen nicht dieselben Pflichten zuweist und die einen junge Menschen, andere ältere betreffen, muß ich auch etwas über diese Unterscheidung sagen. Für einen jungen Menschen gehört es sich, die Älteren zu respektieren und unter ihnen die besten und bewährtesten auszuwählen, damit er sich auf ihren Rat und ihr Ansehen stützen kann. Denn die Unwissenheit der Jugend bedarf der Weisung und der Lenkung durch die Klugheit alter Menschen. Am meisten aber muß man junge Leute vor Ausschweifungen bewahren und im geduldigen Ertragen geistiger und körperlicher Mühen üben, damit sie Eifer und Tatkraft bei der Erfüllung ihrer Pflichten als Soldaten und Bürger zeigen. Auch dann, wenn sie Entspannung suchen und sich Annehmlichkeiten gönnen wollen, sollen sie sich vor Unbeherrschtheit hüten und auf Zurückhaltung bedacht sein, was ihnen leichter fallen wird, wenn sie auch dabei die Beteiligung älterer Menschen nicht ablehnen. (123) Was aber alte Menschen angeht, so sollten sie sich körperlich wohl weniger anstrengen, geistig jedoch sogar noch mehr beschäftigen; geradezu bemühen müssen sie sich, ihre Freunde, die Jugend und besonders den Staat mit ihrem Rat und ihrer Klugheit nach Möglichkeit zu unterstützen. Vor nichts muß man im Alter aber mehr auf der Hut sein als davor, daß man sich der Erschlaffung und Trägheit überläßt. Ausschweifung gar ist eine Schande für jede Altersstufe, besonders widerwärtig aber für das Greisenalter. Doch wenn sogar noch Hemmungslosigkeit in den Begierden dazukommt, ist das Übel doppelt groß, weil einerseits das Alter selbst Schande auf sich lädt und andererseits die Zügellosigkeit der jungen Leute dadurch noch unverschämter wird.

(124) Es ist auch nicht unangemessen, von den Pflichten der Beamten und der Privatpersonen, der Bürger und

der Fremden zu sprechen. So ist es die besondere Aufgabe des Beamten zu erkennen, daß er den Staat verkörpert und verpflichtet ist, für seine Würde und seine Ehre einzustehen, die Gesetze zu bewahren, Rechtsnormen festzulegen und daran zu denken, daß diese Dinge seiner besonderen Obhut anvertraut sind. Für den Privatmann aber gehört es sich, auf der Grundlage der Rechtsgleichheit mit den Bürgern zu leben, ohne sich demütig zu unterwerfen oder überheblich zu gebärden, und in der Politik friedliche und anständige Ziele zu verfolgen. Denn einen solchen Menschen pflegen wir als guten Bürger zu erleben und zu bezeichnen. (125) Wer aber als Fremder im Land wohnt, der ist verpflichtet, nur seinen Geschäften nachzugehen, keine Nachforschungen über jemand anzustellen und keinesfalls in einem fremden Staat vorwitzig zu sein. So wird sich in der Regel das pflichtgemäße Handeln finden, wenn man fragt, was sich ziemt und was zu den betreffenden Personen, ihrer Situation und ihrem Alter paßt. Doch es gibt nichts, was so geziemend ist, wie sich bei allen Taten und Entschlüssen charakterfest zu zeigen.

XXXV (126) Dieses Geziemende zeigt sich in allem, was man tut und sagt, sogar in der Bewegung und Haltung des Körpers, und es hängt von drei Dingen ab, von Schönheit, Regelmäßigkeit und eindrucksvoller Wirkung, die dem jeweiligen Vorhaben entspricht. Das ist zwar schwierig auszudrücken, doch es genügt, wenn es verstanden wird. Zu diesen Voraussetzungen gehört auch das Bemühen darum, daß wir den Beifall derer finden, mit denen und bei denen wir leben. Von diesen Dingen soll darum auch noch kurz die Rede sein. Zunächst scheint die Natur selbst unserem Körper besondere Beachtung geschenkt zu haben, indem sie an unserer Erscheinung und Gestalt dasjenige, was einen ansehnlichen Anblick bot, vor Augen rückte, die Körperteile aber, die zur Befriedigung natürlicher Bedürfnisse dienten und einen häßlichen, abstoßenden Anblick geboten hätten, bedeckte und verbarg. (127) Diese sorgfältige Vorkehrung der Natur ahmte das Schamgefühl der Menschen nach. Denn eben das, was die Natur verborgen hat, entziehen alle, die ein gesundes Empfinden haben, den Blicken und bemühen sich, den notwendigen Bedürfnissen selbst möglichst im Verborgenen zu genügen. Die Körperteile, deren Gebrauch diesen notwendigen Bedürfnissen entspricht, bezeichnet man so wenig wie ihren Gebrauch mit eigenen Ausdrücken; von einer Verrichtung, die nicht schimpflich ist, wenn sie nur im Verborgenen geschieht, zu sprechen, wäre unanständig. Deshalb ist weder die offene Verrichtung solcher Dinge noch eine unanständige Ausdrucksweise frei von Anstößigkeit. (128) Wenn aber die Kyniker oder die Stoiker, soweit sie sich beinahe als Kyniker erwiesen, Kritik anmelden und darüber spotten, daß wir bei Dingen, die der Sache nach nicht schimpflich sind, die Ausdrücke anstößig finden, dagegen Dinge, die schimpflich sind, mit eigenen Ausdrücken bezeichnen, so sollte man nicht auf sie hören. Rauben, Betrügen, Ehebrechen ist der Sache nach verwerflich, doch die Bezeichnung ist unanstößig. Was Kinderzeugung angeht, ist die Sache anständig, die Bezeichnung Anstoß erregend. In diesem Sinne führen sie auch noch weitere Argumente gegen das Schamgefühl ins Feld. Wir aber wollen uns der Natur anschließen und alles meiden, was die Augen und die Ohren beleidigt. Unsere Haltung im Stehen, Gehen, Sitzen oder Liegen, unsere Miene, unser Blick und die Bewegung unserer Hände sollen den gehörigen Anstand bewahren. (129) Dabei muß man vor allem zweierlei vermeiden, nämlich einen weibischen oder weichlichen und einen groben oder plumpen Eindruck. Es geht ja auch nicht an, daß sich Schauspieler und Redner in diesen Punkten angemessen verhalten, wir dagegen völlig regellos. Die Sitte der Schauspieler zeigt jedenfalls nach alter Ordnung ein solches Gefühl für Anstand, daß auf der Bühne niemand ohne Unterkleidung auftritt; sie fürchten nämlich, sie könnten einen unziemlichen Anblick bieten, wenn es zufällig vorkommt, daß bestimmte Körperteile sichtbar werden. Nach unserer Sitte baden auch erwachsene Söhne nicht mit den Eltern und Schwiegersöhne nicht mit den Schwiegereltern. Es gilt also in diesem Punkt den Sinn für Anstand zu bewahren, zumal ja die Natur selbst unsere Meisterin und Führerin ist.

XXXVI (130) Was aber die Schönheit betrifft, so gibt es da zwei Arten, von denen die eine in der Anmut, die andere in der Würde besteht; die Anmut haben wir für eine Eigenschaft der Frau, die Würde für einen Zug des Mannes zu halten. So soll bei der Erscheinung eines Mannes auf allen Schmuck verzichtet werden, der seiner Würde nicht entspricht, und vor demselben Fehler soll er sich in seiner Haltung und Bewegung hüten. Denn Bewegungen, die an die Ringschule erinnern, erwecken häufig eher Widerwillen, und manche Gebärden der Schauspieler sind nicht frei von Albernheit, und bei beiden lobt man das, was schlicht und einfach ist. Die Würde der Erscheinung ist aber durch eine vorteilhafte Hautfarbe zu bewahren, die Farbe durch körperliche Übungen. Des weiteren hat man auf Reinlichkeit zu achten, die nicht lästig und übertrieben sein soll, sondern so bemessen, daß man den Eindruck ungesitteter und ungepflegter Nachlässigkeit vermeidet. Dieselbe Rücksicht muß man auf die Kleidung nehmen, bei der, wie in den meisten Dingen, der Mittelweg am besten ist. (131) Wir müssen uns aber hüten, in eine träge, schlaffe Gangart zu verfallen, so daß wir wie die Gestelle aussehen, auf denen man bei den Festzügen Götterbilder trägt, oder uns, wenn es eilt, zu sehr zu sputen; wenn es dazu kommt, fängt man an zu keuchen, der Blick verändert sich und das Gesicht verzerrt sich; das ist ein deutliches Anzeichen, daß es an fester Haltung fehlt. Noch viel mehr Mühe müssen wir uns geben, daß unsere Regungen nicht vom natürlichen Maß abweichen; das werden wir erreichen, wenn wir uns davor hüten, in Verwirrung und Panik zu geraten, und wenn wir darauf achten, den geziemenden Anstand zu wahren. (132) Es gibt jedoch zwei Arten von Regungen, zum einen die des Denkens, zum anderen die des Verlangens. Das Denken hat es vor allem mit der Erforschung der Wahrheit zu tun, doch das Verlangen drängt zum Handeln. Wir müssen also dafür sorgen, daß wir an möglichst Gutes denken und das Verlangen der Vernunft gehorchen lassen.

XXXVII Groß ist auch die Wirkung sprachlichen Ausdrucks, und seine Form ist eine doppelte, zum einen die der Rede, zum anderen die des Gesprächs. Die Rede soll zu den Auseinandersetzungen in Prozessen, bei Volksversammlungen und im Senat gehören, das Gespräch mag in geselliger Runde, bei Diskussionen und freundschaftlichen Zusammenkünften vorkommen und sich bei Tischgesellschaften ergeben. Für die Rede gibt es Regeln der Redelehrer, für das Gespräch indessen nichts dergleichen, obwohl die Möglichkeit dazu vielleicht auch hier besteht. Doch Lehrer finden sich nur dort, wo Leute lernen wollen, hier aber gibt es niemanden, der sich darum bemüht, während alles vom Gedränge um die Redelehrer erfüllt ist. Da es indessen Regeln für die Formen des Ausdrucks und des Gedankens gibt, werden sie ebenso auch für das Gespräch passen. (133) Als Mittel sprachlichen Ausdrucks haben wir jedoch die Stimme, bei der Stimme aber verfolgen wir zwei Ziele, nämlich Deutlichkeit und Wohlklang. Bei beidem muß man von der Veranlagung ausgehen, aber das eine wird die Übung fördern, das andere die Nachahmung von Menschen mit einer klaren, angenehmen Aussprache. Man hatte bei den Catuli keine Veranlassung, sie auf literarischem Gebiet für besonders urteilsfähig zu halten, obwohl sie literarisch gebildet waren, doch das galt auch für andere; von ihnen aber glaubte man, sie sprächen das beste Latein. Ihr Tonfall wirkte angenehm, sie artikulierten die Buchstaben nicht übertrieben, aber sie verschluckten sie auch nicht, geschweige denn, daß ihre Aussprache undeutlich oder affektiert gewesen wäre. Die Stimme, die sie nicht erhoben, war weder ausdruckslos noch singend. Lucius

Crassus war reicher im sprachlichen Ausdruck und nicht weniger geistvoll, doch was die gute Aussprache betraf, hatte man von den Catuli keine geringere Meinung. An Witz und an Humor indessen stellte Caesar, der Onkel des Catulus, alle in den Schatten, so daß er gerade auf dem Gebiet der öffentlichen Rede die Streitreden anderer mit seinen Plaudereien übertraf. In allen diesen Dingen müssen wir also Mühe walten lassen, wenn wir in jedem Punkte danach fragen, was sich ziemt. (134) So soll man im Gespräch, in dem sich die Sokratiker besonders hervortun, gelassen und keinesfalls hartnäckig sein; in ihm soll der Humor nicht fehlen, und man soll nicht andere ausschließen, als käme man in seinen Besitz, sondern man soll, wie sonst, so auch besonders beim gemeinsamen Gespräch Abwechslung für berechtigt halten. Besonders soll man darauf achten, wovon die Rede ist, und strenge Würde zeigen, wenn es um ernste, Humor, wenn es um lustige Dinge geht. Vor allem soll man sich auch davor hüten, daß die Unterhaltung einen Charakterfehler zum Vorschein kommen läßt. Das pflegt besonders dann vorzukommen, wenn eifrig über Abwesende gesprochen wird, um sie herabzusetzen, zu verspotten oder ernstlich zu lästern und zu schmähen. (135) Man unterhält sich aber meistens über Familienangelegenheiten oder Politik, über das Studium der Wissenschaften und die Gelehrsamkeit. Man muß sich also Mühe geben, daß das Gespräch zu diesen Themen zurückgelenkt wird, wenn es auch zu anderen abzuschweifen begann, doch je nach den Anwesenden. Man freut sich ja nicht jederzeit und gleicherweise an denselben Dingen. Auch ist darauf zu achten, wie lange eine Unterhaltung Freude macht, und wie es einen vernünftigen Grund für den Anfang gab, so soll es ein Maß für das Ende geben.

XXXVIII (136) Doch wie im ganzen Leben mit vollem Recht gefordert wird, leidenschaftliche Erregung, das heißt übermäßige Gemütsbewegungen, die der Vernunft nicht mehr gehorchen, zu vermeiden, so muß man auch in

Gesprächen von solchen Regungen frei sein, damit nicht Jähzorn oder irgendeine Begierde, nicht Trägheit, Feigheit oder so etwas zum Vorschein kommt. Wir müssen auch besonders dafür sorgen, daß wir den Eindruck von Achtung und Zuneigung gegenüber unseren Gesprächspartnern erwecken. Zuweilen ergibt sich auch die Notwendigkeit, Kritik zu üben; dabei sollte man vielleicht die Stimme erheben und den Worten entschiedeneren Nachdruck geben; auch kommt es darauf an, den Eindruck zu erwekken, daß man im Zorn so handelt. Doch wie zum Brennen und zum Schneiden werden wir es nur selten und widerwillig zu solchen Zurechtweisungen kommen lassen und nur im Notfall, wenn kein anderes Heilmittel zu finden ist. Doch Zorn soll trotzdem nicht im Spiele sein, weil man im Zorn nicht richtig und nicht mit Überlegung handeln kann. (137) In vielen Fällen hat man aber die Möglichkeit, milde Kritik zu üben, doch mit ernstem Nachdruck, so daß man Strenge zeigt und kränkende Herabsetzung vermeidet. Und was gerade die Bitterkeit betrifft, die die Kritik enthält, so sollte man zum Ausdruck bringen, daß man sich eben um des Kritisierten willen zu ihr entschlossen hat. Es ist indessen geboten, auch bei Auseinandersetzungen mit schlimmsten Feinden, sogar wenn man Empörendes anhören muß, dennoch Besonnenheit zu wahren und den Zorn zu unterdrücken. Denn mit dem, was man in leidenschaftlicher Erregung tut, kann man sich weder charakterfest erweisen noch den Beifall der Anwesenden gewinnen. Geschmacklos ist es auch, sich selbst zu rühmen, besonders wenn man es zu Unrecht tut, und den großsprecherischen Soldaten[46] nachzuahmen, während die Zuhörer lachen.

XXXIX (138) Da ich auf alle Fragen eingehe, jedenfalls eingehen will, muß auch davon die Rede sein, wie das Haus eines Mannes in angesehener, führender Stellung beschaffen sein soll. Es ist ja zum Gebrauch bestimmt, dem seine architektonische Konzeption entsprechen muß; doch sollte man auch der Bequemlichkeit und

Würde die gebotene Sorgfalt widmen. Wie ich höre, gereichte es Gnaeus Octavius, der als erster aus seiner Familie zum Konsulat gelangte, zur Ehre, daß er sich auf dem Palatin ein Haus von würdevoller Schönheit hatte bauen lassen. Als es vom Volk besichtigt wurde, soll es dem Hausherrn, einem Neuling in der Politik, Hilfe bei seiner Wahl zum Konsul geleistet haben. Scaurus ließ es abreißen und fügte seinem Haus einen Erweiterungsbau an. So brachte Octavius als erster das Amt des Konsuls in sein Haus, Scaurus, der Sohn eines bedeutenden und hochberühmten Mannes, kehrte in sein vergrößertes Haus nicht nur mit einer Wahlniederlage, sondern auch mit Schande und Unheil zurück. (139) Die Würde sollte nämlich durch das Haus gesteigert werden, nicht ganz von ihm abhängen, und Ehre sollte nicht der Hausherr seinem Haus, sondern das Haus dem Hausherrn machen. Wie man auch sonst nicht nur auf sich, sondern auch auf andere Rücksicht zu nehmen hat, so ist beim Haus eines berühmten Mannes, in dem zahlreiche Gäste zu empfangen sind und eine Menge Menschen jeder Art Zutritt erhalten muß, auch für Geräumigkeit zu sorgen. Sonst bringt ein großes Haus dem Hausherrn oft Schande ein, wenn in ihm Einsamkeit herrscht, und zwar besonders dann, wenn es sich einmal unter einem anderen Hausherrn zahlreicher Besucher zu erfreuen pflegte. Denn es ist peinlich, wenn die Vorübergehenden ausrufen:

»O altehrwürd'ges Haus, wie wenig paßt doch dein
Hausherr zu dir!«[47]

Das kann man heute freilich bei vielen sagen. (140) Man muß sich aber davor hüten, besonders wenn man selber baut, daß man hinsichtlich des Aufwands und der Prachtentfaltung das gebotene Maß überschreitet. In diesem Punkt betrachtet man so manches Übel schon als Vorbild. Besonders in dieser Hinsicht ahmen ja die meisten geflissentlich die Taten führender Männer nach. Wer eifert denn zum Beispiel dem Heldentum des Lucius Lucullus, des vortrefflichen Mannes, nach? Aber wie viele haben die Pracht seiner Landhäuser nachgeahmt! Bei denen sollte man jedenfalls Maß halten und wieder den Mittelweg einschlagen. Derselbe Grundsatz des Maßes und der Mitte ist auf jeden Bereich praktischer Lebensführung zu übertragen. Doch damit genug davon.

(141) Bei allem, was man unternimmt, muß man indessen drei Regeln einhalten: erstens daß das Verlangen der Vernunft gehorcht, die die Erfüllung der Verpflichtungen am besten garantiert; zweitens daß man das Ausmaß dessen, was man erreichen will, erkennt, damit man weder mehr Sorge und Mühe noch weniger aufwendet, als die Sache erfordert; drittens daß man sorgfältig darauf achtet, daß das, was die Würde und den Eindruck von Großzügigkeit betrifft, das rechte Maß einhält. Das beste Maß jedoch besteht darin, gerade den geziemenden Anstand zu wahren, von dem vorhin die Rede war, und nicht darüber hinauszugehen. Doch die wichtigste von diesen drei Regeln ist die, daß das Verlangen der Vernunft gehorcht.

XL (142) Danach muß von der Reihenfolge und dem günstigen Zeitpunkt gesprochen werden. Die Kenntnis davon aber umfaßt das Wissen, das die Griechen ›eutaxia‹ (gute Ordnung) nennen. Es ist nicht das, was wir unter dem Wort Mäßigung verstehen, das den Begriff des Maßes enthält, sondern die ›eutaxia‹ ist etwas, worunter man die Bewahrung der Ordnung versteht. Damit wir dieselbe Eigenschaft auch mit dem Ausdruck Mäßigung bezeichnen können, wird sie von den Stoikern so definiert, daß Mäßigung das Wissen davon ist, dem, was man tut und sagt, die rechte Stelle zuzuweisen. So scheint das Wesen des Begriffs der Ordnung mit dem der Stellung übereinzustimmen. Denn auch die Ordnung definieren sie entsprechend als Anordnung der Dinge an passender und angemessener Stelle; die Stelle aber bezeichnen sie als den günstigen Augenblick für die Ausführung; der günstige Zeitpunkt für die Ausführung aber heißt auf griechisch ›eukairia‹ (günstige Gelegenheit) und auf lateinisch ›occasio‹ (Gelegenheit). So kommt es, daß die Mäßigung, die wir in dem genannten Sinne verstehen, das Wissen um den günstigen Zeitpunkt ist, der sich für die Ausführung eignet. (143) Dieselbe Definition kann aber auch für die Klugheit gelten, über die ich eingangs sprach; an dieser Stelle aber frage ich nach der Mäßigung, der Selbstbeherrschung und den Tugenden, die ihnen ähnlich sind. Deshalb sind die charakteristischen Merkmale der Tugend an ihrer Stelle angegeben worden. Was aber für diese Tugenden bezeichnend ist, von denen ich nun schon lange spreche, die die Scheu und die Anerkennung derer, mit denen wir zusammenleben, betreffen, davon muß jetzt die Rede sein.

(144) Bei seinen Handlungen muß man also eine solche Ordnung walten lassen, daß, wie in einer einheitlich ausgeführten Rede, so auch im Leben alles zueinander paßt und miteinander harmoniert. Denn es ist unanständig und absolut verfehlt, bei einem ernsten Thema Worte, die zu einem Gelage passen, oder eine schlüpfrige Ausdrucksweise zu gebrauchen. Als Perikles im Amte des Strategen den Dichter Sophokles als Kollegen hatte und die beiden bei einer gemeinsamen Amtshandlung zusammentrafen, ging zufällig ein schöner Knabe vorüber; als Sophokles ausrief: »Was für ein schöner Knabe, Perikles!«, gab der die richtige Antwort: »Aber Sophokles, man sollte als Stratege nicht nur mit den Händen, sondern auch mit den Augen Zurückhaltung beweisen.« Hätte Sophokles dieselbe Bemerkung dagegen bei einer Musterung von Wettkämpfern gemacht, so wäre ihm die berechtigte Kritik erspart geblieben; so groß ist die Bedeutung des Ortes und des Zeitpunkts. Wenn etwa jemand, weil er einen Prozeß zu führen hat, auf einer Reise oder beim Spazierengehen mit sich zu Rate ginge oder über etwas anderes angestrengt nachdächte, würde man ihn nicht tadeln; wenn er dagegen dasselbe bei einem Gastmahl täte, schiene er

ungebildet, weil er die Situation nicht in Betracht zieht. (145) Doch das, was menschlicher Gesittung deutlich widerspricht, wenn jemand etwa auf dem Marktplatz singt oder wenn es sich sonst um eine grobe Entgleisung handelt, springt ohne weiteres ins Auge und erfordert keine besondere Ermahnung oder Unterweisung. Aber Verfehlungen, die nur geringfügig erscheinen und nicht von vielen wahrgenommen werden können, muß man sorgfältiger vermeiden. Wie etwa beim Saiten- oder Flötenspiel noch so geringe Abweichungen doch von einem Kenner bemerkt zu werden pflegen, so ist im Leben darauf zu achten, daß nicht etwa ein Mißklang auftritt, sogar um so viel mehr, je wesentlicher und wertvoller die Harmonie der Handlungen als die der Klänge ist.

XLI (146) So wie die Ohren der Musiker beim Saitenspiel selbst kleine Nuancen wahrnehmen, so werden wir deshalb, wenn wir sorgfältige und strenge Richter und Betrachter von Fehlern sein wollen, aus kleinsten Anzeichen wichtige Erkenntnisse gewinnen. Aus dem Ausdruck der Augen, dem Senken oder Zusammenziehen der Augenbrauen, aus Trauer oder Heiterkeit, aus Lachen, Sprechen oder Schweigen, aus dem Anschwellen und Abschwellen der Stimme und aus vielen ähnlichen Anzeichen können wir uns leicht ein Urteil bilden, was davon angemessen ist und was im Widerspruch zum pflichtgemäßen Handeln und zum Charakter steht. Dabei ist es nicht unvorteilhaft, wenn wir an anderen beurteilen können, was es jeweils mit diesen Anzeichen auf sich hat, damit wir, wenn etwas bei jenen unpassend wirkt, es selbst vermeiden. Denn es ergibt sich irgendwie, daß wir es eher an anderen als an uns selbst beobachten, wenn etwas fehlerhaft ist. So lassen sich beim Lernen die Fehler am einfachsten korrigieren, die die Lehrmeister nachahmen, um sie auszumerzen. (147) Doch ist es nicht unangemessen, zur Entscheidung zweifelhafter Fragen gebildete oder auch praktisch erfahrene Menschen hinzuzuziehen und sie nach ihrer Meinung über die jeweiligen Grundsätze des pflichtgemäßen Handelns zu fragen. Der größere Teil pflegt nämlich im allgemeinen der Entscheidung zuzuneigen, zu der ihn die Natur selbst führt. Man sollte dabei nicht nur darauf achten, was einer jeweils sagt, sondern auch darauf, was er denkt und warum er so denkt. Wie nämlich bei den Malern, den Bildhauern und sogar auch bei den Dichtern jeder sein Werk vom Publikum betrachtet sehen will, damit er es verbessern kann, wenn etwas bei der Mehrheit auf Kritik stößt – und diese Künstler fragen sich und andere, was an ihrem Werk verfehlt ist –, so müssen wir sehr vieles nach dem Urteil anderer tun und lassen, verändern und verbessern. (148) Was aber nach der Sitte und nach der Tradition geschieht, darüber braucht man keine Regeln aufzustellen. Denn diese Normen sind selbst Regeln, und niemand sollte sich zu dem Irrtum verführen lassen, daß er sich einbildete, wenn Sokrates oder wenn Aristipp etwas entgegen der Sitte und Tradition getan oder behauptet hätten, dann dürfe er es ebenso. Denn sie erlangten diese Freiheit durch große und übermenschliche Verdienste. Die Auffassung der Kyniker ist aber völlig zu verwerfen; denn sie widerspricht dem Sinn für Anstand, ohne den nichts richtig und moralisch wertvoll sein kann.[48] (149) Die Männer aber, die in ihrem Leben bedeutende und wichtige Bewährungsproben bestanden haben, die sich dem Staat verbunden fühlen, Verdienste um ihn erworben haben und erwerben, denen ein Ehrenamt oder Kommando übertragen wurde, die haben wir zu achten und zu ehren; wir müssen auch dem Alter großen Respekt erweisen und uns denen unterordnen, die ein Amt bekleiden; wir haben zwischen einem Bürger und einem Fremden zu unterscheiden und einen Fremden danach zu behandeln, ob er privat oder in öffentlichem Auftrag gekommen ist. Mit einem Wort, um nicht ins einzelne zu gehen, wir sind verpflichtet, die Gemeinschaft und Zusammengehörigkeit der ganzen Menschheit zu respektieren, zu erhalten und zu wahren.

XLII (150) Was die Berufe und die Formen des Gelderwerbs betrifft, so kennt man zu der Frage, welche als eines freien Mannes würdig zu erachten und welche verächtlich sind, etwa die folgende Auffassung: Verworfen werden erstens die Formen des Erwerbs, die den Abscheu der Menschen erregen, zum Beispiel die der Zöllner und Geldverleiher. Doch eines freien Mannes unwürdig und verächtlich ist die Arbeit aller Taglöhner, die man für ihre Mühe, nicht für ihr Können entlohnt; bei ihnen ist ja der Lohn selbst der Preis der Knechtschaft. Auch die sind als verächtlich zu betrachten, die etwas bei Händlern kaufen, um es gleich weiter zu verkaufen; sie kämen ja zu nichts, wenn sie nicht völlig falsche Vorstellungen erwecken würden, und es gibt doch nichts Schimpflicheres als Unehrlichkeit. Auch alle Handwerker betätigen sich in einem verächtlichen Beruf, denn eine Werkstatt kann nichts Edles haben. Besonders zu mißbilligen sind ferner die Berufe, die den Lüsten zu Diensten sind: »Fischhändler, Metzger, Köche, Geflügelmäster, Fischer«, wie es bei Terenz heißt.[49] Man nehme dazu, wenn es beliebt, auch noch die Salbenverkäufer, die Tänzer und die ganze Possenreißerei hinzu. (151) Doch die Berufe, zu denen mehr Klugheit gehört und die keinen geringen Nutzen stiften, wie der des Arztes, des Baumeisters oder des Gelehrten, sind für die, zu deren Stand sie passen, ehrenhaft. Der Handel aber hat, sofern er sich in engen Grenzen hält, als niedriges Geschäft zu gelten; ist er aber groß und umfangreich, so daß er vielerlei aus allen Richtungen herbeischafft und viele ohne Lug und Trug damit versorgt, muß man ihn nicht gerade tadeln. Und wenn man dabei gar, gesättigt vom Verdienst oder vielmehr damit zufrieden, wie es oft vorkommt, seinen Weg von der hohen See zum Hafen, vom Hafen selbst zu seinen Besitzungen auf dem Land genommen hat, dann kann man wohl mit vollem Recht gepriesen werden. Von allen Dingen aber, aus denen irgendein Gewinn zu ziehen ist, ist nichts wertvoller, ergiebiger und angenehmer als der Ackerbau, nichts der

Würde eines Menschen und eines freien Mannes angemessener. Weil ich darüber im »Cato maior« ausführlich genug gesprochen habe, kannst du dort das nachlesen, was diesen Punkt betrifft.[50]

XLIII (152) Wie man die Regeln des pflichtgemäßen Handelns von den Bereichen des sittlich Guten ableiten kann, ist damit wohl zur Genüge ausgeführt. Was aber das sittlich Gute selbst betrifft, so kann es oft zu einer Auseinandersetzung und einem Wettstreit um die Frage kommen, welches von zwei sittlich wertvollen Dingen das wertvollere ist, eine Frage, die von Panaitios nicht behandelt worden ist. Wenn nämlich alles sittlich Gute aus vier Bereichen stammt, von denen der erste die Erkenntnis, der zweite die Gemeinschaft, der dritte die Hochgesinntheit und der vierte die Mäßigung betrifft, so müssen diese Bereiche bei der Entscheidung für eine Pflicht zwangsläufig oft miteinander verglichen werden. (153) Man findet also die Pflichten naturgemäßer, die sich aus der Gemeinschaft, als die, die sich aus der Erkenntnis herleiten, und diese Entscheidung kann durch folgendes Argument bekräftigt werden: Wenn einem Weisen ein solches Leben zuteil würde, daß er im Überfluß an allen Dingen alles, was der Erkenntnis würdig ist, in ungestörter Ruhe selbst bei sich bedenken und betrachten könnte, so würde er doch, wenn er so einsam wäre, daß er keinen Menschen sehen könnte, aus dem Leben scheiden. Als wichtigste von allen Tugenden besteht die Weisheit, die die Griechen ›sophia‹ nennen – denn unter Klugheit, die bei den Griechen ›phronesis‹ heißt, verstehen wir etwas ganz anderes, was in der Kenntnis der Dinge besteht, die wir erstreben und meiden müssen –, die Weisheit aber, die ich als wichtigste bezeichnete, besteht im Wissen um die göttlichen und menschlichen Dinge, und auf dieses Wissen gründet sich die Gemeinschaft und Verbindung der Götter und der Menschen miteinander. Wenn sie am wichtigsten ist, wie es auch der Fall ist, muß zwangsläufig die Pflicht, die sich aus der Gemeinschaft herleitet, die wesentlichste sein. Denn die Erkenntnis und Betrachtung der Natur wäre gewissermaßen unvollkommen und nicht vollständig, wenn ihr nicht die Ausführung folgen würde. Diese Ausführung aber erkennt man ganz besonders in der Wahrung der Interessen der Mitmenschen; sie hat es also mit der Gemeinschaft des menschlichen Geschlechts zu tun. Deshalb verdient sie den Vorrang vor der Erkenntnis.

(154) Das machen auch gerade die Besten durch ihr Verhalten und ihr Urteil deutlich. Wer wäre denn so begierig nach dem vollständigen Verständnis der Natur der Dinge, daß er, wenn ihm bei der Behandlung und Betrachtung der erforschenswertesten Erscheinungen plötzlich eine gefährliche Bedrohung des Vaterlands gemeldet würde, bei der er helfend eingreifen könnte, nicht alles das im Stiche ließe und aufgäbe, auch wenn er glaubte, er könne die Sterne zählen oder die Größe der Welt vermessen? Dasselbe würde er auch bei einer Gefährdung seines Vaters oder seines Freundes tun. (155) Daran kann man erkennen, daß man den Interessen und Aufgaben der Wissenschaft die Pflichten der Gerechtigkeit vorziehen muß; denn sie betreffen den Nutzen der Menschen, der für einen Menschen wichtiger als alles andere sein muß. XLIV Doch ließen eben jene, deren Leben ganz der Erkenntnis der Welt gewidmet war, nicht davon ab, den Nutzen und das Wohl der Menschen zu mehren. Denn sie verhalfen vielen durch ihre Lehre dazu, daß sie zu besseren und nützlicheren Bürgern ihrer Staaten wurden, wie der Pythagoreer Lysis dem Thebaner Epameinondas, Platon dem Syrakusaner Dion und viele weitere noch vielen anderen. Auch ich selbst ging, was immer ich dem Staate nützte, wenn ich ihm wirklich etwas nützen konnte, in die Politik, nachdem ich von Lehrmeistern und ihrer Lehre unterwiesen und ausgerüstet worden war. (156) Die Philosophen belehren und unterweisen eifrige Schüler ja nicht nur, solange sie lebendig und leibhaftig gegenwärtig sind, vielmehr erreichen sie dasselbe auch

nach dem Tod durch ihre schriftstellerische Hinterlassenschaft. Sie sparten nämlich kein Gebiet aus, das die Gesetze, die Sitten und die staatliche Ordnung betrifft, so daß sie mit ihrer Muße einen Beitrag zu unserer Tätigkeit geleistet zu haben scheinen. So tragen eben jene Männer, indem sie sich dem Studium der Wissenschaft und der Weisheit widmen, gerade durch ihre Einsicht und Erkenntnis zum Nutzen der Menschen bei. Aus diesem Grund ist es auch besser, beredt zu sprechen, wenn man es nur mit Einsicht tut, als noch so scharf, doch ohne Redegabe zu denken, weil das Denken nur um sich selbst kreist, während die Redegabe diejenigen miteinbezieht, mit denen wir gemeinschaftlich verbunden sind. (157) Und wie die Bienen sich nicht zu Schwärmen vereinigen, um Waben zu bauen, sondern Waben bauen, weil sie von Natur gesellig sind, so verhält es sich auch mit den Menschen; doch weil sie von Natur aus noch viel stärker zur Gemeinschaft neigen, zeigen sie auch die entsprechende Fertigkeit im Handeln und im Denken. Bliebe so die Erkenntnis der Dinge unberührt von dieser Tugend, die in der Betreuung der Menschen, das heißt in der Verbindung der Menschheit besteht, so schiene die Erkenntnis beziehungslos und unfruchtbar; desgleichen wäre die Hochgesinntheit ohne Gemeinschaft und Verbindung mit den Menschen eine Art von Wildheit und Unmenschlichkeit. So kommt es, daß die Verbindung und Gemeinsamkeit der Menschen höher steht als das Streben nach Erkenntnis. (158) Es trifft auch nicht zu, was von manchen behauptet wird, nur wegen der Bedürfnisse des Lebens, weil wir das, was die Natur erfordere, ohne andere nicht erreichen und zustande bringen könnten, sei die Gemeinschaft und die Vereinigung der Menschen miteinander begründet worden; würde uns dagegen alles, was zu einem zivilisierten Leben gehört, gleichsam durch einen Zauberstab beschert, dann würden gerade die Begabtesten all ihre mühsamen Tätigkeiten aufgeben und sich ganz auf die wissenschaftliche Erkenntnis verlegen.

So ist es nicht; sie würden nämlich die Einsamkeit zu meiden suchen und nach Gefährten für ihre Studien Ausschau halten; bald wäre es ihr Wunsch zu lehren, bald zu lernen und bald zu hören, bald zu reden. Darum ist jedes pflichtgemäße Handeln, das der Verbindung und Gemeinschaft der Menschen zugutekommt, der Pflichterfüllung vorzuziehen, die auf wissenschaftlicher Erkenntnis beruht.

XLV (159) Vielleicht ist noch die Frage zu untersuchen, ob diese Gemeinschaft, die so besonders naturgemäß ist, auch stets der Mäßigung und Selbstbeherrschung vorgezogen werden muß. Ich bin nicht dieser Meinung. Denn es gibt manches, was teils so häßlich, teils so schändlich ist, daß es ein Weiser nicht einmal tun würde, um das Vaterland zu retten. Solche Beispiele hat Poseidonios in großer Zahl gesammelt, doch manche sind so widerwärtig, so abscheulich, daß es auch schimpflich scheint, sie nur zu nennen. So etwas also wird der Weise um des Staates willen nicht unternehmen, ja es wird nicht einmal der Wunsch des Staates sein, daß es um seinetwillen unternommen wird. Doch damit verhält es sich insofern einfacher, als dieser Fall gar nicht eintreten kann, daß es im Interesse des Staates liegt, daß ein Weiser etwas davon tut. (160) Das dürfte also jedenfalls erwiesen sein, daß bei der Entscheidung zwischen verschiedenen Aufgaben diejenige Art den Vorzug verdient, die in der menschlichen Gemeinschaft begründet ist. Denn eine überlegte Handlungsweise wird sich nach der Erkenntnis und der Einsicht richten. So kommt es, daß es mehr wert ist, überlegt zu handeln als klug zu denken. Soviel sei über diese Frage gesagt. Das Thema selbst ist ja geklärt, so daß man bei der Prüfung einer Aufgabe ohne Schwierigkeiten sehen kann, was jeweils vorzuziehen ist. Was aber die Beziehung zur Gemeinschaft selbst betrifft, so gibt es eine abgestufte Rangordnung der Pflichten; an ihr kann man erkennen, welche Verpflichtung jeweils höher steht, so daß die erste den unsterblichen Göttern, die zweite dem Vaterland, die dritte den Eltern und das übrige anschließend stufenweise den anderen geschuldet wird. (161) Aus dieser kurzen Erörterung ist zu ersehen, daß sich die Menschen gewöhnlich nicht nur darüber im unklaren sind, ob etwas sittlich wertvoll oder verwerflich ist, sondern auch, wenn zwei sittlich gute Möglichkeiten zur Wahl stehen, darüber, welche von beiden die wertvollere ist…

Anmerkungen

1 Das gilt nach Ciceros Auffassung vor allem für die Schulen Aristipps von Kyrene und Epikurs, die in der Lust das höchste Gut und im Schmerz das höchste Übel sehen.

2 Ciceros Schrift »De finibus bonorum et malorum« (Über das höchste Gut und das größte Übel) aus dem Jahr 45 v. Chr. enthielt eine ausführliche Darstellung der epikureischen Moralphilosophie und ihre systematische Widerlegung.

3 Alle genannten Lehren erkennen die Tugend als das höchste Gut an; im Unterschied zu den drei ersteren vernachlässigen die drei letzteren daneben aber in einer nach Ciceros Auffassung naturwidrigen Weise alles ethisch Indifferente (vgl. De finibus 4, 43).

4 Diese begriffliche Differenzierung spiegelt die stoische Unterscheidung zwischen zwei wesensverschiedenen Bereichen und Ebenen menschlicher Orientierung, einerseits der im strengen Sinne allein relevanten sittlichen Entscheidung für die Tugend und gegen das Laster, andererseits der Stellungnahme gegenüber den »mittleren« Dingen, die zwischen der zu erstrebenden Tugend und dem zu meidenden Laster in einer wertneutralen Mitte liegen, aber je nach ihrer Naturgemäßheit bzw. Naturwidrigkeit Gegenstand vernünftiger Entscheidung sein können.

5 Hier und im folgenden referiert Cicero die stoische Lehre von der ›oikeiosis‹, einer natürlichen Verhaltensweise und Entwicklung jedes Lebewesens im Sinne grundsätzlicher Selbstbejahung und Selbsterhaltung.

6 Platon, Phaidros 250d3-6.

7 Platon, Neunter Brief 358a3-5.

8 Der hier behauptete etymologische Zusammenhang zwischen ›fit‹ und ›fides‹ besteht in Wirklichkeit nicht.

9 Aus einer nicht sicher bestimmbaren Tragödie des Ennius.

10 Platon, Phaidon 64d2-e7 und Politeia I 347b5-d8.

11 Aus der 163 v. Chr. aufgeführten Komödie »Heautontimorumenos« (Selbstquäler), V. 77.

12 Vgl. die Behandlung derselben Frage in anderem Zusammenhang 3, 92-95.

13 Grundlage richterlicher Entscheidung war im republikanischen Rom nicht nur das kodifizierte Bürgerliche Recht (ius civile), sondern auch das aus Einzelentscheidungen der Magistrate gewachsene Amtsrecht (ius honorarium). Sein wichtigster Teil war das von den Prätoren, den hauptsächlich für die Gerichtsbarkeit zuständigen Beamten, geschaffene prätorische Recht (ius praetorium).

14 Die älteste faßbare Formulierung des bewußt paradoxen Gedankens bei Terenz, Heautontimorumenus (vgl. Anm. 11), V. 796: ius summum saepe summa est malitia (= das strengste Recht ist oft die schlimmste Schlechtigkeit). Vgl. K. Bartels, VENI VIDI VICI. Geflügelte Worte aus dem Griechischen und Lateinischen, 7. Aufl., Zürich-München 1989, S. 170f.

15 Ausspruch des spartanischen Königs Kleomenes (520-480 v. Chr.).

16 Das Fetialrecht regelte die Amtshandlungen des Priesterkollegiums der Fetialen, die wichtige Funktionen im Verkehr mit anderen Völkern, z. B. bei formellen Kriegserklärungen und Vertragsschlüssen, ausübten. Sie hatten auch das Recht, Heerführer, die gegen geltendes Recht verstoßen hatten, an die Feinde auszuliefern (vgl. 3, 108).

17 Die beiden hier zitierten Briefe erscheinen manchen Herausgebern als Dublette, die zeige, daß Cicero nicht mehr dazu gekommen sei, dem Text die letzte, endgültige Gestalt zu geben.

18 Älteste Kodifikation des römischen Rechts aus der Zeit um 450 v. Chr., ursprünglich in Form öffentlich aufgestellter Holz- oder Bronzetafeln.

19 Verse aus dem sechsten Buch des Epos »Annales« des Ennius; Pyrrhus spricht zu einer von C. Fabricius geführten römischen Gesandtschaft.

20 Ursprünglich Bürger ohne Grundbesitz, später Bürger minderen Rechts, vielleicht mit einer besonderen Steuer belegt.

21 Aus dem Lehrgedicht »Werke und Tage«, V. 349f.

22 Ältestes Zitat bei Platon, Phaidros 279c6. Vgl. Bartels (s. Anm. 14), S. 17f.

23 Aus einem unbekannten Drama des Ennius.

24 Als Sprichwort, ohne Verweis auf Pythagoras, von Cicero nach Laelius 92 zitiert. Vgl. Aristoteles, Nikomachische Ethik 9, 8, 2.

25 Gemeint sind Caesar und seine Anhänger.

26 Verse aus einer unbekannten Tragödie des Ennius.

27 Platon, Menexenos 246c5-247a2 und Laches 197a6-c1.

28 Platon, Laches 182e6-183a2; ähnlich Politeia VIII 545a2f. und Nomoi 630d5f.

29 Aus Ciceros Gedicht »De consulatu suo« (Über sein Konsulat), das er nach 63 v. Chr. zur Verherrlichung und Rechtfertigung seiner Politik als Konsul geschrieben hatte.

30 Verse aus dem zwölften Buch der »Annalen« des Ennius.

31 Platon, Politeia I 342c 11ff. und Politeia IV 420b4-8.

32 In den politischen Auseinandersetzungen der späten römischen Republik hatte sich als beherrschende, einander erbittert befehdende Interessenverbände die Gruppierung der Popularen (Volkspartei) und der Optimaten (Adelspartei) herausgebildet.

Erstere hatten das angebliche Interesse des Volkes, in Wirklichkeit zumeist den Machtanspruch einzelner Politiker, letztere die Bewahrung der überlieferten staatlichen Ordnung bzw. der durch sie garantierten Macht- und Besitzverhältnisse auf ihre Fahnen geschrieben. Ihrem einseitigen Parteiinteresse sucht Cicero vergeblich das Ideal der »concordia ordinum« (Eintracht der Stände) oder des »consensus omnium bonorum« (Übereinstimmung aller Patrioten) entgegenzusetzen.

33 Platon, Politeia VI 488 b 3 f.

34 Platon, Nomoi 731 a 3-b 3.

35 Positive Aspekte des Zorns, freilich nicht des Jähzorns, würdigt etwa Aristoteles, Nikomachische Ethik 4, 11.

36 Alexander der Große.

37 Verse aus der Tragödie »Atreus« des Accius.

38 Die alte attische Komödie repräsentieren v. a. die athenischen Dichter des späten 5. Jahrhunderts v. Chr. Eupolis, Kratinos und Aristophanes; nur von letzterem sind uns vollständige Stücke erhalten.

39 Die Ironie des Sokrates findet Cicero v. a. in den Schriften seiner Schüler Platon, Xenophon und Aischines von Sphettos wieder (vgl. Brutus 292).

40 Eine Sammlung witziger und tiefsinniger Aussprüche aus eigenem und fremdem Munde hatte Cato selbst angelegt. Sie wurde aus seinem Nachlaß herausgegeben und eiftig zitiert, u. a. von Cicero im zweiten Buch seiner Schrift »De oratore« (Über den Redner) aus dem Jahr 55 v. Chr.

41 Die in allen Handschriften bezeugte Erwähnung des Xenokrates stört den ansonsten rein römischen Zusammenhang und geht vermutlich nicht auf Cicero, sondern auf den Irrtum eines Abschreibers zurück.

42 Die Göttin Minerva galt in Rom als Patronin der Kunst und des Handwerks. Wenn etwas als gegen ihren Willen entstanden oder geschehen bezeichnet wurde, war es damit als mißglückt gekennzeichnet (vgl. Horaz, Ars poetica 385).

43 Die Begeisterung für die griechische Kultur und Sprache trieb bei manchen Römern der späten Republik seltsame Blüten. Ein besonderes groteskes Beispiel schildert Cicero im Proömium zum ersten Buch seiner Schrift »De finibus« (1, 8 f.).

44 Die einzelnen Dramen, die jeweils griechischen Vorbildern folgen, sind uns für folgende Dichter bezeugt: Accius (Epig., Clyt.), Ennius (Melan., Aias), Pacuvius (Meder, Antiopa).

45 Xenophon, Memorabilien 2, 1, 21.

46 Lächerliche Komödienfigur, z. B. im »Miles gloriosus« des Plautus.

47 Vers aus einer unbekannten Tragödie, von Cicero auch in der Zweiten Philippischen Rede (104) zitiert.

48 Die rücksichtslose Ablehnung jeder Sitte und Konvention brachte die Kyniker in den Ruf der Schamlosigkeit und Gemeinheit.

49 Terenz, Eunuchus 257.

50 In dieser nicht lange vor »De officiis« im Jahr 44 v. Chr. entstandenen Schrift läßt Cicero den alten Cato Censorius Fragen der Lebensbewältigung im Alter, darunter auch die der angemessenen Tätigkeit (50-61), behandeln.

Glossar der Eigennamen

Griechische Namen erscheinen in der Regel nicht in latinisierter, sondern in ihrer ursprünglichen Form, also mit ai statt ae und k statt c. Die römischen Personennamen – bestehend aus [1]Praenomen (abgekürzt), [2]Nomen gentile, evtl. [3]Angabe des Vaters (abgekürzt) und einem oder mehreren [4]Cognomina – werden unter dem Gentilnamen aufgeführt, z.B. [1]Q(uintus) [2]Mucius [3]P(ublii) f(ilius) [4]Scaevola unter Mucius. Die Praenomina werden wie folgt abgekürzt: A. = Aulus, Ap. = Appius, C. = Gaius, Cn. = Gnaeus, D. = Decimus, L. = Lucius, M. = Marcus, M.' = Manius, P. = Publius, Q. = Quintus, S. = Sextus, Ser. = Servius, Sp. = Spurius, T. = Titus, Tib. = Tiberius. Für allgemein bekannte Namen, z.B. Athen, werden keine Erklärungen, sondern nur die Belegstellen gegeben.

L. Aemilius Paulus Macedonicus (1,116. 121), Konsul 182 und 168 v.Chr., Sieger über Perseus von Makedonien in der Schlacht von Pydna (168 v.Chr.), leiblicher Vater des Scipio Aemilianus

M. Aemilius Scaurus (1,76. 108), 163-89 v.Chr., Konsul 115, Vorkämpfer der konservativen Senatsaristokratie, Vater des folgenden

M. Aemilius Scaurus (1,138), Sohn des vorigen, Ädil 58, Prätor 56, Statthalter von Sardinien und Korsika 55-54, danach von Cicero erfolgreich gegen den berechtigten Vorwurf der Erpressung verteidigt, scheiterte bei der Bewerbung um das Konsulat für 53 v.Chr.

Aequer (1,35), mittelitalischer Volksstamm, im 5. Jahrhundert v.Chr. mit Rom verfeindet, erst 304 v.Chr. endgültig unterworfen

Aesopus (1,114), besonders bekannter Schauspieler zur Zeit Ciceros

Africa (1,112)

Africanus, s. Cornelius

Aiakiden (1,38), Nachkommen des Aiakos

Aiakos (1,97), thessalischer Heros, Vater des Peleus, Großvater Achills, von den Königen von Makedonien und Epirus als Stammvater betrachtet

Aias (1,113), mythischer König von Salamis, nach Achill stärkster Held der Griechen vor Troja, unterlag im Streit um die Waffen Achills dem beredten Odysseus und beging danach Selbstmord, Titelheld mehrerer griechischer und römischer Tragödien

Akademie, Akademiker (1,6), von Platon 369 v.Chr. gegründete, nach ihrem Versammlungsort bei einem Hain des attischen Heros Akademos nahe Athen benannte Philosophenschule, deren Lehre sich im 3./2. Jahrhundert v. Chr. zu einer Haltung des grundsätzlichen Skeptizismus entwickelte

Areopag (1,75), Hügel westlich der Akropolis von Athen, Sitz des alten Adelsrats und Staatsgerichtshofs, dessen Kompetenzen Solon reformierte

Arginusen (1,84), Inselgruppe im Sund von Lesbos, bei der die spartanische Flotte 406 v. Chr. von den Athenern besiegt wurde

Aristipp(os) von Kyrene (1,148), um 435-355 v. Chr., Schüler des Sokrates, Begründer der kyrenaischen Schule, der die Lust als höchstes Gut galt

Ariston (1,6), griechischer Philosoph (Mitte des 3. Jahrhunderts v. Chr.), Schüler des Zenon von Kition, der sich später von der Stoa abwandte und eine eigene Schule gründete. Er lehrte die Belanglosigkeit alles ethisch Indifferenten

Aristoteles (1,4), griechischer Philosoph (384-322 v. Chr.), Schüler Platons, gründete 335 die peripatetische Schule, Verfasser zahlreicher Schriften über philosophische, politische, literarische und naturwissenschaftliche Themen, die nur teilweise erhalten sind

Arpinaten (1,21), Einwohner von Arpinum

Arpinum (1,21) mittelitalische Stadt südöstlich von Rom, Heimat Ciceros und des Marius

Athen (1,1)

Athener (1,75. 84 f.)

M. Atilius Regulus (1,39), Konsul 267 und 256 v. Chr., geriet im Ersten Punischen Krieg 255 in karthagische Gefangenschaft und wurde zu Verhandlungen über einen Gefangenenaustausch nach Rom gesandt. Er riet zur Ablehnung und kehrte, treu dem gegebenen Wort, nach Karthago zurück, wo er grausam getötet wurde

Atreus (1,97), mythischer König von Mykene, Sohn des Pelops, Vater des Agamemnon und Menelaos, setzte seinem Bruder Thyestes dessen eigene Kinder zum Mahl vor, Titelheld mehrerer griechischer und römischer Tragödien

Q. Caecilius Metellus Macedonicus (1,87), Konsul 143 v. Chr., erfolgreicher Feldherr, Redner und Politiker

Caesar, s. Iulius

Cannae (1,40), Ort in Apulien, bei dem die Römer im Zweiten Punischen Krieg 216 v. Chr. von Hannibal vernichtend geschlagen wurden

Cato, s. Porcius

Catulus, s. Lutatius

Cicero, s. Tullius

M. Claudius Marcellus (1,61), Konsul 222, 215, 214, 210 und 208 v. Chr., eroberte im Zweiten Punischen Krieg 212 Syrakus

Cn. Cornelius Scipio (1,61), Konsul 260 und 254 v. Chr.

P. Cornelius Scipio Africanus maior (1,61. 121), römischer Staatsmann und Feldherr (234-184/83 v. Chr.), Konsul 205 und 194, Überwinder Hannibals im Zweiten Punischen Krieg

P. Cornelius Scipio Aemilianus Africanus minor (1,76. 87. 90. 108. 116), bedeutender römischer Staatsmann und Feldherr (185-129 v. Chr.), leiblicher Sohn des L. Aemilius Paulus, vom Sohn des Scipio Africanus maior adoptiert, Konsul 147 und 134 v. Chr., Sieger über Karthago 146 und Numantia 133, Kenner und Liebhaber griechischer Literatur und Philosophie, Freund des Stoikers Panaitios

P. Cornelius Scipio Nasica Serapio (1,76. 109), Konsul 138, Anführer bei der Ermordung des Tib. Gracchus, Vater des folgenden

P. Cornelius Scipio Nasica Serapio minor (1,109), Sohn des vorigen, Konsul 111 v. Chr.

L. Cornelius Sulla Felix (1,43. 109), bedeutender römischer Politiker und Feldherr (138-78 v. Chr.), Konsul 88, nach siegreicher Beendigung des Krieges gegen Mithridates (88-83) und des Bürgerkriegs gegen die Popularen (vgl. Anm. 31 zu Buch I) 82-79 Diktator, restaurierte die Senatsherrschaft, ließ seine politischen Gegner ächten und ihren Besitz versteigern

Cocles, s. Horatius

Crassus, s. Licinius

P. Decius Mus maior (1,61), Konsul 340 v. Chr., opferte sein Leben in der Schlacht gegen die Latiner, Vater des folgenden

P. Decius Mus minor (1,61), Konsul 312, 308, 297 und 295 v. Chr., opferte sich im Dritten Samnitenkrieg (298-290 v. Chr.), Sohn des vorigen

Demetrios von Phaleron (1,3), athenischer Politiker, Philosoph und Schriftsteller (um 350-283 v. Chr.), 317-307 Regent Athens, nach seiner Vertreibung aus Athen unter Ptolemaios I. Soter in Alexandria tätig

Demosthenes (1,4), bedeutender griechischer Redner (384-322 v. Chr.)

Dion von Syrakus (1,155), 409-354 v. Chr., Schwager Dionysios' I., Schwiegersohn und Gegenspieler Dionysios' II., den er 356 vertrieb, um die politischen Ideen seines Lehrers Platon zu verwirklichen, 354 ermordet

Drusus, s. Livius

Q. Ennius (1,26. 51 f. 84), bedeutender römischer Dichter (239-169 v. Chr.), der u. a. ein Epos »Annales« über die Geschichte Roms bis auf seine Zeit, zahlreiche Tragödien und Komödien nach griechischen Vorbildern sowie Satiren schrieb

Epameinondas (1,84. 155), thebanischer Feldherr, Sieger in den Schlachten von Leuktra (371 v. Chr.) und Mantinea (362 v. Chr.)

Q. Fabius Labeo (1,33), Konsul 183 v. Chr.
Q. Fabius Maximus Cunctator (1,84. 108), Konsul 233, 228, 215, 214 und 209 v. Chr., befolgte im Zweiten Punischen Krieg gegen Hannibal eine letztlich erfolgreiche hinhaltende Defensivtaktik, die ihm seinen Beinamen (= Zauderer) eintrug
C. Fabricius Luscinus (1,40), Konsul 282 und 278 v. Chr., als beispielhafte Verkörperung römischer Tugend und Rechtschaffenheit, v. a. im Abwehrkampf gegen Pyrrhus, verehrt

Gracchus, s. Sempronius

Hannibal (1,38. 40. 108), Sohn Hamilkars, größter karthagischer Heerführer (247-183 v. Chr.), der Rom im Zweiten Punischen Krieg (218-201 v. Chr.) an den Rand einer Niederlage brachte
Herakles (römisch: Hercules) (1,118), Sohn des Zeus und der Alkmene, Überwinder zahlreicher Unholde und Ungeheuer
Herillos von Chalkedon (1,6), griechischer Philosoph (um 300 v. Chr.), ursprünglich Schüler des Stoikers Zenon, der aber später mit Ariston von Chios die Stoa verließ. Er betrachtete die wissenschaftliche Erkenntnis als höchstes Gut
Herniker (1,35), mittelitalischer Volksstamm in Latium, Gegner Roms im 4. Jahrhundert v. Chr., 306 endgültig unterworfen
Hesiod (1,48), griechischer Dichter (um 700 v. Chr.), dessen Lehrgedicht »Werke und Tage« in epischer Form die bäuerliche Jahresarbeit beschreibt
Hippolytos (1,32), Sohn des Theseus und der Amazone Hippolyte (oder Antiope), wies die Liebe seiner Stiefmutter Phaidra zurück, auf ihre Verleumdung hin von Theseus verflucht und durch ein von Poseidon gesandtes Meeresungeheuer getötet, Titelheld einer erhaltenen Tragödie des Euripides (428 v. Chr.)
Horatius Cocles (1,61), verteidigte im Kampf gegen die Etrusker 508 v. Chr. die entscheidende Tiberbrücke

Iason von Pherai (1,108), thessalischer Tyrann (ca. 380-370 v. Chr.)
Isokrates (1,4), griechischer Rhetor (436-338 v. Chr.), aus dessen Schule zahlreiche bedeutende Redner und Schriftsteller hervorgingen
C. Iulius Caesar (1,26. 43. 112), der große römische Staatsmann, Feldherr und Diktator (100-44 v. Chr.), der in einem blutigen Bürgerkrieg 49-45 seinen Anspruch auf Alleinherrschaft durchsetzte, am 15. März 44 ermordet, von Cicero als Tyrann verabscheut und verurteilt
C. Iulius Caesar Strabo (1,108. 133), römischer Redner, Schriftsteller und Politiker (ca. 130-87 v. Chr.), berühmt für seinen Witz (vgl. De oratore 2,261 ff.)
Jupiter (griechisch: Zeus) (1,118), höchster römischer Gott

Kallikratidas (1,84. 109), spartanischer Flottenkommandant, Nachfolger Lysanders, fiel in der Seeschlacht bei den Arginusen 406 v. Chr.

Kalypso (1,113), Nymphe auf der Insel Ogygia, die den schiffbrüchigen Odysseus sieben Jahre bei sich behielt

Karthager (1,39)

Karthago (1,35), phönikische Gründung an der Küste Nordafrikas, von Rom in den drei Punischen Kriegen (264-240, 218-201, 149-146) bekämpft und 146 v. Chr. von Scipio Aemilianus zerstört

Keltiberer (1,38), spanischer Volksstamm, Gegner Roms im Krieg gegen Numantia

Kimbern (1,38), germanischer Volksstamm, von Marius 101 v. Chr. bei Vercellae geschlagen

Kirke (1,113), Nymphe und Zauberin auf der Insel Aia, bei der Odysseus ein Jahr verbrachte

Kleombrotos (1,84), spartanischer König (380-371 v. Chr.), fiel in der Schlacht bei Leuktra

Konon (1,116), athenischer Heerführer und Flottenkommandant (ca. 445-ca. 392 v. Chr.), Vater des Timotheos

Korinth (1,35), die bekannte griechische Hafenstadt, im 2. Jahrhundert v. Chr. Zentrum des letzten griechischen Widerstands gegen Rom, für den es 146 v. Chr. mit seiner völligen Zerstörung bestraft wurde

Kratippos (1,1), griechischer Philosoph aus Pergamon, seit ca. 48 v. Chr. Schulhaupt des Peripatos, 44/43 Lehrer des jungen Marcus Cicero

Kyniker (1,128. 148), durch Bedürfnislosigkeit und Nichtachtung aller Konventionen geprägte philosophische Schule, deren bekanntester Vertreter Diogenes von Sinope (um 412- um 323 v. Chr.) war

C. Laelius Sapiens (1,90. 108), ca. 190-129 v. Chr., Konsul 140, berühmt für seine Weisheit und philosophische Bildung, Freund des Scipio Aemilianus

Latiner (1,38), Bewohner der mittelitalischen Landschaft Latium, in wiederholten Kämpfen (z. B. 496 und 338 v. Chr.) zur Anerkennung der römischen Hegemonie gezwungen

Leuktra (1,61), Ort in Böotien, bei dem die Thebaner unter Epameinondas 371 v. Chr. die Spartaner schlugen

L. Licinius Crassus (1,108. 133), 140-91 v. Chr., Konsul 95, bedeutender Redner, zusammen mit M. Antonius Lehrmeister Ciceros und Hauptunterredner in seiner Schrift »De oratore«

M. Licinius Crassus Dives (1,25. 109), Konsul 70 und 55 v. Chr., mit Caesar und Pompeius im Ersten Triumvirat (60 v. Chr.) verbündet, Besitzer ungeheurer Reichtümer, die ihm seinen Beinamen (= der

Reiche) eintrugen, fiel 53 v. Chr. in der Schlacht gegen die Parther bei Carrhae

L. Licinius Lucullus (1,104), erfolgreicher römischer Staatsmann und Feldherr (117-56 v. Chr.), Ädil 79, Konsul 74, kultivierter Feinschmecker und Besitzer einer reich ausgestatteten Bibliothek

M. Livius Drusus (1,108), Volkstribun 91 v. Chr., vergeblich um politische Reformen und Schlichtung des Parteienstreits bemüht

Lucullus, s. Licinius

Q. Lutatius Catulus (1,109. 133), Konsul 102 v. Chr., 87 von Marius zum Selbstmord gezwungen, Dialogperson in »De oratore«

Q. Lutatius Catulus Capitolinus (1,76. 109. 133), Sohn des vorigen, Konsul 78, Dialogperson in Ciceros »Academica priora« und »Hortensius«

Lykurg (1,76), legendärer spartanischer Gesetzgeber des 8. Jahrhunderts v. Chr.

Lysander (1,76. 109), spartanischer Heerführer, der die Athener am Ende des Peloponnesischen Krieges besiegte

Lysis (1,155), Pythagoreer aus Tarent, floh um die Mitte des 5. Jahrhunderts nach Theben, wo er zum Lehrer des Epameinondas wurde

Makedonen (1,90)

Makedonien (1,37), Landschaft in Nordgriechenland, als Königreich seit Philipp II. Hegemonialmacht in Griechenland, von Rom in den drei Makedonischen Kriegen (215-205, 200-197, 171-168 v. Chr.) unterworfen, seit 148 römische Provinz

Marathon (1,61), Ort in Attika, bei dem die Perser 490 v. Chr. von den Athenern geschlagen wurden

Marcellus, s. Claudius

L. Marcius Philippus (1,108), Konsul 91 v. Chr., bedeutender Redner

C. Marius (1,76), der berühmte Heerführer und Politiker (156-86 v. Chr.) aus Arpinum, reformierte das römische Heerwesen, Konsul 107, 104-100 und 86, Sieger über Jugurtha (105), die Teutonen (102) und Kimbern (101), versuchte eine populare Politik gegen den letztlich siegreichen Widerstand der Optimaten (vgl. Anm. 31 zu Buch I) durchzusetzen

Marsfeld (1,104), etwa der heutigen römischen Altstadt entsprechendes, zu republikanischer Zeit noch unbebautes Gelände östlich der Tiberschleife, für Volksversammlungen, Waffenübungen, Sport und Spiel benützt

Maximus, s. Fabius

Minerva (1,110), römische Göttin der Kunst und des Handwerks

Minos (1,79), Sohn des Zeus und der Europa, König von Kreta, wegen seiner Gerechtigkeit nach dem Tode Richter in der Unterwelt

Q. Mucius Mancia (1,109), nicht weiter bekannt

Q. Mucius P. f. Scaevola (1,116), Ädil 104, Konsul 95 v. Chr., berühmt für seine Gerechtigkeit und Rechtskenntnis

Neapel (1,33)

Neptun (griechisch: Poseidon) (1,32), Gott des Meeres

Nola (1,33), Stadt in Kampanien

Numantia (1,35. 76), Stadt in Spanien südlich des Ebro, Zentrum des iberischen Widerstands gegen Rom, von Scipio Aemilianus 133 v. Chr. zerstört

Cn. Octavius (1,138), Konsul 165 v. Chr.

Odysseus (römisch: Ulixes) (1,113), König von Ithaka, berühmt für seine listenreiche Klugheit. Auf seinen Vorschlag verpflichteten sich alle Freier Helenas, zu denen er selbst zählte, den Gatten Helenas im Falle ihrer Entführung zu unterstützen. Der Erfüllung dieser Pflicht suchte sich Odysseus durch vorgetäuschten Wahnsinn zu entziehen, wurde aber durch Palamedes überführt und zur Teilnahme am Trojanischen Krieg gezwungen. Nach dem Tod Achills siegte er im Wettstreit um dessen Waffen über Aias. Seine zehnjährigen Irrfahrten nach Kriegsende bilden das Thema der homerischen Odyssee

Palatin (1,138), zentraler Hügel Roms, in republikanischer Zeit Standort vornehmer Bürgerhäuser

Panaitios (1,7. 9f. 90. 152. 161), bedeutender stoischer Philosoph (um 180-110 v. Chr.) aus Rhodos, der in Rom als Freund führender Männer des Scipionenkreises das Geistesleben stark beeinflußte und später seinem Lehrer Antipater von Tarsos in der Leitung der stoischen Schule folgte. Seine Schrift περι του καθηκοντος (Über das Geziemende) diente Cicero als Vorlage für De officiis

Paulus, s. Aemilius

Pausanias (1,76), spartanischer König, der die Griechen 479 v. Chr. bei Platää zum Sieg über die Perser führte

Peloponnesischer Krieg (1,84), Kampf zwischen Athen und Sparta mit ihren jeweiligen Verbündeten um die Vorherrschaft in Griechenland (431-404 v. Chr.), endete nach wechselvollem Verlauf mit der totalen Niederlage Athens

Perikles (1,108. 144), der große athenische Staatsmann (ca. 485-429 v. Chr.), der Athen zu seiner größten Machtentfaltung und höchsten kulturellen Blüte führte

Peripatetiker (1,2. 6. 89), Anhänger der von Aristoteles gegründeten, nach einer Wandelhalle (griechisch: peripatos) des Gymnasion Lykeion in Athen benannten Philosophenschule

Perseus (1,37), makedonischer König (179-168 v. Chr.), in der

Schlacht von Pydna 168 von den Römern unter L. Aemilius Paulus besiegt

Philipp II. von Makedonien (1,90), makedonischer König (356-336 v. Chr.), begründete die Vorherrschaft Makedoniens in Griechenland, Vater Alexanders des Großen

Philippus, s. Marcius

Platää (1,61), Ort in Böotien, bei dem die Perser von den Griechen unter Führung des spartanischen Königs Pausanias 479 v. Chr. vernichtend geschlagen wurden

Platon (1,4. 15. 22. 28. 63f. 85. 87. 155), der große griechische Philosoph (427-347 v. Chr.), bedeutendster Schüler des Sokrates, suchte als Lehrer und Berater Dions von Syrakus (s. d.) seine staatsphilosophischen Vorstellungen zu verwirklichen, gründete 369 in Athen die philosophische Schule der Akademie

Platoniker (1,2) vgl. Akademiker

Plautus (1,104), römischer Komödiendichter, dessen Stücke meist griechischen Vorbildern folgen (gest. 184 v. Chr.)

Cn. Pompeius Magnus (1,76. 78), bedeutender römischer Feldherr und Staatsmann, Konsul 70, 55 und 52 v. Chr., triumphierte 79 nach der Rückgewinnung Siziliens für Sulla, 71 nach dem Sieg über Sertorius und 61 nach siegreicher Rückkehr aus dem Osten, im Bürgerkrieg gegen Caesar Anführer der republikanischen Truppen, nach der Niederlage bei Pharsalos (48) auf der Flucht in Ägypten ermordet

S. Pompeius (1,19), Onkel des Pompeius Magnus, berühmt für seine philosophischen, mathematischen und juristischen Kenntnisse

C. Popilius Laenas (1,36) Konsul 172 v. Chr.

M. Porcius Cato Censorius (1,36f. 79. 104), 234-149 v. Chr.; Konsul 195, Censor 184, Verkörperung altrömischer Einfachheit und Sittenstrenge, bedeutender Redner und Verfasser zahlreicher Schriften über historische, juristische und andere Themen, u.a. eines erhaltenen Werks »De agricultura« (»Über die Landwirtschaft«)

M. Porcius Cato (1,36f.), Sohn des vorigen und Schwiegersohn des Aemilius Paulus

M. Porcius Cato Uticensis (1,112), Urenkel des Cato Censorius, ca. 95-46 v. Chr., Volkstribun 62, Prätor 54, konsequenter Anhänger der stoischen Philosophie und des republikanischen Freiheitsgedankens, Gegenspieler Caesars und nach Pompeius' Tod Anführer der republikanischen Truppen, gab sich nach der verlorenen Schlacht von Thapsus (46) bei Utica in Nordafrika den Tod

Poseidonios (1,159), bedeutender Stoiker (um 135-51 v. Chr.) aus Apameia in Syrien, Schüler des Panaitios, gründete eine eigene Schule in Rhodos, wo Cicero ihn hörte

Prodikos von Keos (1,118), bedeutender Sophist (2. Hälfte des 5. Jahrhunderts v. Chr.), verfaßte u.a. ein moralphilosophisches

Lesebuch »Die Horen«, aus dem die von Xenophon überlieferte Erzählung von Herakles am Scheideweg stammt

Punier (1,38 ff. 79. 108) römische Bezeichnung der phönikischen Karthager

Pyrrhon von Elis (1,6), griechischer Philosoph (um 360-270 v. Chr.), Begründer der skeptischen Philosophie, die sich die Freiheit von Meinungen und Neigungen zum Ziel setzte und jede Festlegung vermied

Pyrrhus (1,38. 40), König von Epirus (319-272 v. Chr.), bedrohte Rom 280/279 v. Chr., wurde aber schließlich zum Rückzug gezwungen

Pythagoras (1,56. 108), griechischer Philosoph (um 570-480 v. Chr.) aus Samos, begründete in Unteritalien eine philosophische Schule, in deren Welterklärung mathematische Prinzipien eine entscheidende Rolle spielten

Pythagoreer (1,155), Anhänger des Pythagoras

Regulus, s. Atilius

Rupilius (1,114), nicht weiter bekannter Schauspieler

Sabiner (1,35. 38), mittelitalischer Volksstamm im südlichen Apennin, nach anfänglicher Feindschaft (Raub der Sabinerinnen) später mit den Römern vereint

Salamis (1,61. 75), Insel im Saronischen Golf, bei der die persische Kriegsflotte 480 v. Chr. von den Athenern unter Themistokles vernichtend geschlagen wurde

Salmakiden (1,61), nach der Quelle Salmakis in Südwestkleinasien, deren Wasser verweichlichend wirken soll

Samniten (1,38), mittelitalischer Volksstamm im südlichen Apennin, Gegner Roms in drei Kriegen (343-341, 327-304 und 298-290 v. Chr.)

Scaurus, s. Aemilius

Scipio, s. Cornelius

Tib. Sempronius Gracchus (1,76. 109), Volkstribun 133 v. Chr., als Initiator mehrerer Reformgesetze den Herrschenden verhaßt, von Scipio Nasica Serapio ermordet

Sokrates (1,90. 108. 148), griechischer Philosoph (ca. 470-399 v. Chr.), Lehrer u. a. Platons und Xenophons, wies der Philosophie durch die Abwendung von naturphilosophischen und Hinwendung zu moralphilosophischen Fragen eine neue Richtung, berühmt für die Kunst seiner Dialektik und seine Ironie

Sokratiker (1,2. 104. 134), Philosophen bzw. Philosophenschulen, die sich auf Sokrates berufen, in ihren Lehrmeinungen von Sokrates und voneinander vielfach abweichend

Solon (1,75. 108), athenischer Staatsmann, Dichter und Philosoph (um 640-560 v. Chr.), einer der Sieben Weisen, von den Athe-

Volsker (1,35), Volksstamm im südlichen Latium, 338 v. Chr. von den Römern unterworfen

Xenokrates aus Chalkedon (1,109), Schüler Platons und drittes Schulhaupt der Akademie (gest. 314 v. Chr.)
Xenophon (1,118), athenischer Historiker (um 430-354 v. Chr.)

Insel Clips

Insel-Clip 1
Epiktet · Wege zum glücklichen Handeln

Insel-Clip 2
Raymond Radiguet · Den Teufel im Leib

Insel-Clip 3
Marc Aurel · Selbstbetrachtungen

Insel-Clip 4
Martin Walser · Ein fliehendes Pferd

Insel-Clip 5
Seneca für Gestreßte

Insel-Clip 6
Max Frisch · Halten Sie sich für einen guten Freund?

Insel-Clip 7
Lao-tse · Tao-te-king

Insel-Clip 8
Hermann Hesse · Klingsors letzter Sommer

Insel-Clip 9
Zen · Sprüche und Leitsätze der Zen-Meister

Insel-Clip 10
Jurek Becker · Die beliebteste Familiengeschichte

Insel-Clip 11
Goethe · Ob ich Dich liebe weiß ich nicht

Insel-Clip 12
Isabel Allende · Eine Rache